CAPTAIN TSUBASA ROAD TO 2002

キャプテン翼 ROAD TO 2002

1

高橋陽一

JN242203

集英社文庫

CONTENTS

CAPTAIN TSUBASA ROAD TO 2002

★この作品は、2001年時点での
状況をもとに描かれています。

2002年 日韓共催 ワールドカップ

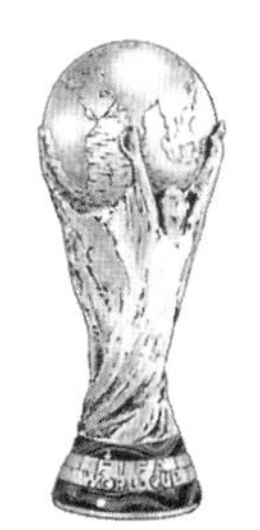

ROAD 1
2002年への旅立ち!!

JAPAN

ワァアア
JAPAN
NATIONA

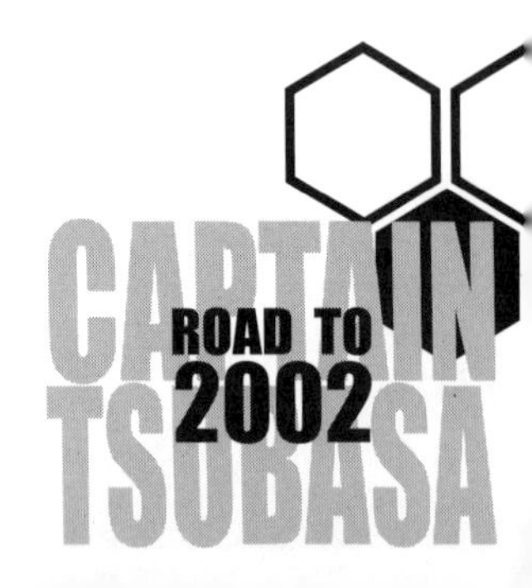
CAPTAIN TSUBASA
ROAD TO 2002

19XX年　U-20 サッカー世界選手権
———ワールドユース———
日本開催

日本サッカー〝黄金世代〟
イレブンの熱き闘い!!
uhlsport
JFA

その結果の…

決勝戦 〝王国(ブラジル)〟撃破!!
日本Vゴ〜〜〜ル
ワールドユース初制覇〜〜〜〜〜〜〜〜ッ

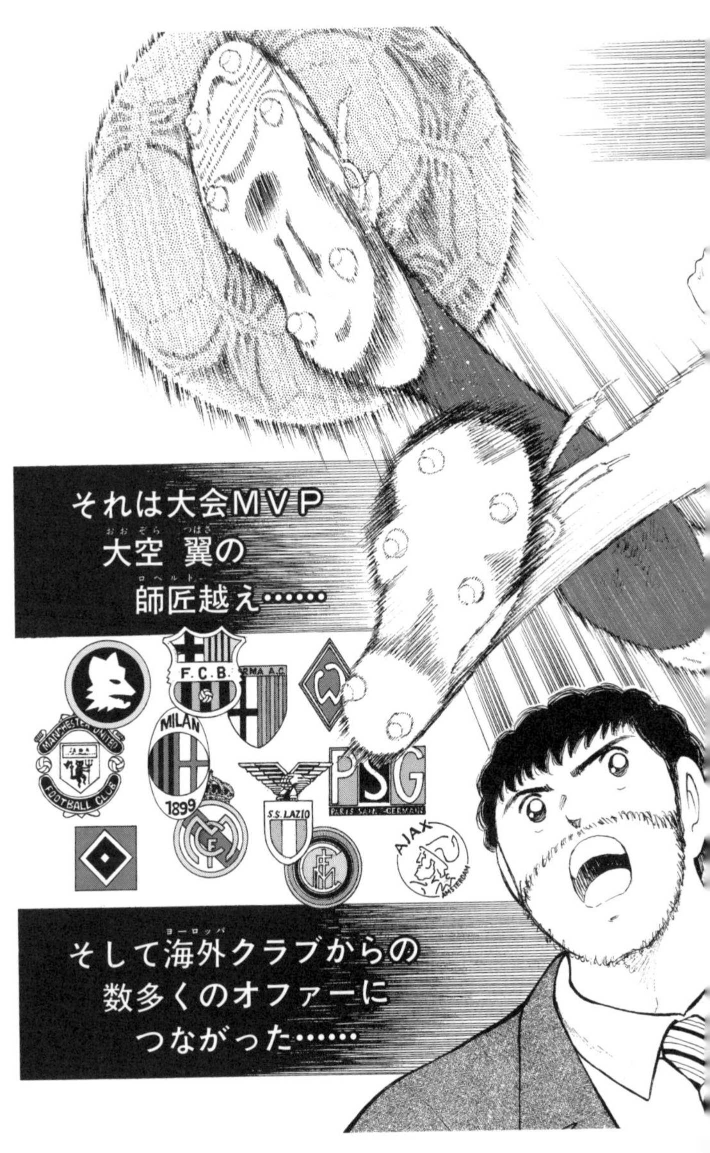
それは大会MVP
大空 翼の
師匠越え……
F.C.B.
RMA A.C.
MILAN
1899
MANCHESTER UNITED
FOOTBALL CLUB
S.S.LAZIO
PSG
PARIS SAINT-GERMAIN
AJAX
AMSTERDAM
そして海外クラブからの
数多くのオファーに
つながった……

ブラジル――サンパウロ――
チチチ…
ボム
バムッ
ビュッ
この人と
パス交換するのも
今日が最後なんだな
俺にとっての
永遠の師
バムッ
ロベルト本郷
どこへ行くか
決めたのか
翼
バァム
ヨーロッパの
どのチームも
好条件
サンパウロも
最終判断は
翼 本人に
まかせると
言っているんだ
うん
俺 実際に
ヨーロッパに
行って
決めようと
思う
行って…
バムッ

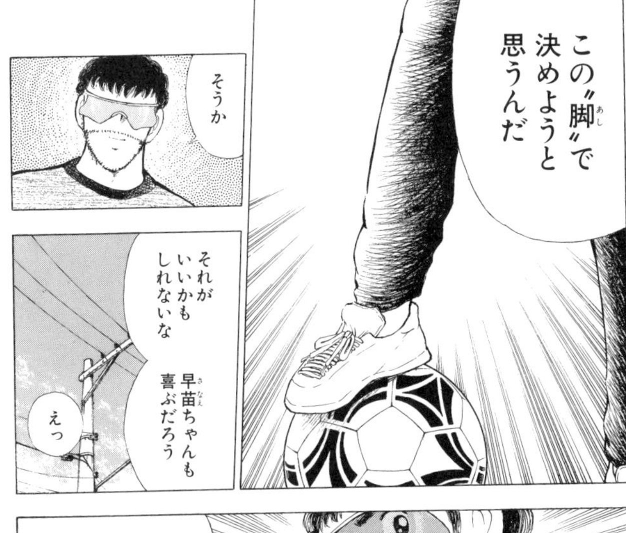
この〃脚〃で決めようと思うんだ
そうか
それがいいかもしれないな
早苗ちゃんも喜ぶだろう
えっ

だってそれがふたりにとっての婚前旅行になるんだろ

ハハハ…まあね
翼く〜ん ロベルトォ おはよう
ふたりとも今日も早いのね
オッハーー
チチチチ

でも
ヨーロッパに
旅立つ前に
もう一仕事
待ってるぞ
翼
うん!
今日の試合が
俺にとっての
サンパウロ
最後の試合だ

じゃあ
そろそろ
クラブ
ハウスに
行くか
うん

ロベルト
ん

俺が中学卒業と同時に
ブラジルに渡り5年…
日本から
このブラジルに 世界一の
サッカープレイヤーを
めざしてやってきた
おれの
名前は
"ツバサ"
長い間……
ザッ

ありがとうございました!!
……
ポン

SAÔPAULO F
SPFC
翼
翼
ツバサ
ツバサ
ツバサア

ワーーー
ツバサ
翼
ツバサァ
ツバサ
翼
翼
TSUBASA
TSUBASA

翼
ありがとう
翼
ヨーロッパに
行っても
がんばれよォ
行くな
翼ァ
翼
翼
ツバサ
ほんとに
これが最後
なんだな
翼
でも しょうがねえよな
サンパウロの10番が
海外へ移籍していくのは
当然の流れだもんな
ぺぺ
よし
決めたぞ
えっ

翼
すごい翼くんにこんなにも声援が
ツバサァ
おまえの最後のプレイ楽しみにしてるぞォ!!
翼
おまえがここに置いてく"10番"今度は俺がつけられるように翼の分も俺はもう少し ここでがんばるぜ
うん
ブラジルサッカーにとっての永遠のエースナンバー"10"
PELÉ
ZICO
RIVALDO
翼が15歳でこのブラジルに渡ってきた時のサンパウロの10番は……

闘将

ラドウンガ

RADUNGA

10

ハァ ハァ ハァ ハァ

TAM PENALTY

つ…強い
すごい…

これが本場
ブラジルの
実力なのか…

その男は
まだ青き
15歳の翼では
到底 太刀打ち
できる相手では
なかった

で…でも
俺は
めちゃくちゃ
うれしい!!

これこそが
俺の求めてた
サッカーだ!!

しかし翼は
歯をくいしばり
懸命に
ついていった

ロベルト
あんたが連れてきた日本人(ジャポネーゼ)
ブラジル流のハードトレーニングにパンクさえしなければ…
将来大化けするかもな
ついてこい翼ァ!!
このヘタクソジャポネーゼ
うまくなりたきゃ俺達のサッカーのすべてを吸収しろ!!
はい
サンパウロの10番ラドゥンガに鍛えられ
翼はこの地ブラジルで成長した
TAM PENALTY

17歳――ラドゥンガのサポートをうけてのプロデビュー
翼 大丈夫だ 思い切っていけ
はい
そして彼のヨーロッパ移籍にともない
ブラジル
ヨーロッパ
その栄光の10番を受け継いだ翼
ええっ 俺が10番!?
その翼も また現在 先輩のあとを追うがごとく 海外…ヨーロッパ進出を果たそうとしている
まさに これが ブラジルの サッカーシステム
BRAHMA Nº1 BRAHMA Nº1 BRAHMA

世界最大のサッカー選手輸出国ブラジル
（現在100名以上の選手を海外へ移籍させている）
有能な選手を育て上げ海外チームに高く売る
その移籍金を元にさらにクラブを有益に運営させ
また そこで若き有望選手を育てる……
ブラジル
…この 繰り返し
このシステムこそがW杯最多の優勝回数を誇り
この地球上唯一 W杯本大会の連続出場を第1回から続ける
〝サッカー王国〟ブラジルのまさに強さの秘訣なんだ

俺が小さい頃から憧れ続けた
ブラジルサッカー
現在　そのセレソン（ブラジル代表）の
ほとんどの選手は
海外…しかもヨーロッパでの
プレイを経験している──
そう
ヨーロッパサッカーは　まさに
ブラジルを始めとする
各国代表が集う
この地球上　最も激しい
〝サッカーの戦場〟なんだ
──ヨーロッパ──
PEPSI PEPSI
BRAHMA
SOLLO
PENALTY

だからこそ俺も
その場所に戦いを
挑みに行く!!
BRAHMA
PEPSI
LUBRAX
TELEBRAS
SOLLO

ピィィィィィィィ
この試合を最後に
俺はヨーロッパに旅立つ!!
行けェ翼ァ〜っ
今日も頼むぞ
翼くん
さァ行こうぜツバサ!!
おう
さァ ツバサのサンパウロ〝ラストゲーム〟今 キックオフです

おまえの最後の勇姿しっかりと見届けるぞォ!!
行くぞこの大声援に応えるためにも
今日はこの地 ブラジルで俺が身につけた技その すべてを出すぞ!!
早くも得意のドリブルで仕掛けるぞツバサ

繊細なタッチの〝ディーブレ〟（ドリブル）
よし今日のツバサもキレてるぞ
それ以上抜かせるか
止めるぞ
あ〜っでも3人に囲まれたぞ
体を張った〝ドミニオダボーラ〟（ボールキープ）
そしてそこからの〝ウーチモ パッセ〟（決定的パス）
なっ
うっ
いや大丈夫だツバサのわざと相手をひきつけておいてのスルーパスだ!!

これが前線のFW(フォワード)ペペに通る
ナイスパスだツバサ
チョン
打たせるな
シュートブロックだ
へへへ…
なにィ
あっとこれはペペのバックヒールパス
そこにはツバサが走りこんでいるゥ
は…早い
行くぞ!!これがロベルト直伝…

ツバサ その
黄金の右足を
振り抜いたァ

フライングドライブシュートだァ!!
グォォォォォォォォォ
おおっ!!

決まったァ!!
ゴ〜〜〜〜〜〜ル
わっ
やったぜ
ツバサ
いきなり
魅せ
やがった
すごいぞ!
いいぞ
ツバサァ
さすが
サンパウロの
10番だ
SAO PAULO

先制!!
サンパウロ
大空を自由に
飛行する
ツバサの18番
フライング
ドライブシュート
早くも炸裂〜〜〜っ
今日も
ツバサは
元気一杯です
よォし
その後も翼は
2アシスト
1ゴールを
重ねる――
いい動きだ 翼
ヨーロッパへ
行く準備は
充分できてるな
!!

ロベルト
どうしよう
俺 涙が
止まらないよ
なぜなんだ
日本人の俺を
ブラジルの
みんなは…
こんなにも
応援してくれる
翼ァ
がんばれ
ツバサァ
もっと
もっと
すごいプレイ
見せてくれ
俺達の
翼ァ
翼
翼 自信を持て
〝サッカーに
国境はない〟
そのことを おまえは
サッカープレイヤー
として
このブラジルで
実証したんだ
またも出たァ
ツバサの必殺
キラーパスだ

その受け手は
やはり ペペ
あたぼうよ
サンパウロの
黄金コンビは
ツバサと この
ペペ様だぜ
このシュートは
ヨーロッパへ
旅立つツバサに
贈る 俺からの
はなむけの
ゴールだ!!
グワァ
ペペ……
いけェ!!
ペペの
シュート
あっと
しかし
これは
ゴール
バー
あちゃ
これじゃ
はなむけに
なんないよォ
ペペの
10番は
まだ
はやいかもネ

しっかり見ておけみんな
一瞬の判断力と素早い反射神経があってこそできるこれがツバサのスーパープレイだ
この地 ブラジルのみんなの気持ちに応えるにはプレイしか…俺の精一杯のプレイしかないんだ
わっむずかしいか
これは俺が日本で初めて翼に教えることとなったプレイ…
あっとその跳ね返ったボールに向かいなんとツバサが反転しながらとんでいるゥ
バーの跳ね返りをオーバーヘッドシュート一閃だァ

は…
はい
ふざけるなァ!!
おまえのラストゲーム
だからといって
これ以上 得点されて
たまるかァ!!
いけェ!!
あっと しかし
これは判断よく
パルマイラス
GK ジャイゴ
抜群の
飛び出しだァ

フカッ
ヒュッ
なにィ
こ…これはツバサの空中時間差シュート

キーパーの
飛び出しを
瞬時に察知
右足で打つはずの
シュートを　とっさに
左足に変えた
そして
ここで
試合終了
のフエ
やったぞ
翼ァ
最高の
プレイ
ありがとう
5対1
サンパウロ
勝利！
ツバサは
なんと
全得点に
絡む大活躍
そして
今のゴールで
ハットトリック
をも達成!!
ツバサ
ツバサ
ツバサ

まさに
〝ミラクル〟
これがツバサの
〝神技〟
空中二段
オーバーヘッド
シュートだァ
すすげェ…
俺達の想像を
超える
ツバサの
超…
スーパー
プレイだ
まさにツバサ
ブラジルでの
有終の美を
がっちりと
飾りましたァ
見てくれた
かい
ロベルト
これが俺の
ブラジルでの
成長の証だよ
しっかりと
見届けたぞ　翼
胸を張って
行ってこい！
今度は
ヨーロッパで
思いっきり
暴れ回ってこい
翼――
ツバサ

試合が終わっても
鳴りやまない
この大歓声
すべてはツバサに
向けられて
います
ツバサ
アアアア
ツバサ
おまえの
プレイ
もっともっと
見ていたいぞ
ツバサ
行くな
ツバサ
サンパウロの
宝
大空翼
ツバサ
ツバサ
すごい

また いつでも 戻ってこい
ありがとう ツバサ
俺達は 大歓迎で 迎えるぞ
ヨーロッパに 行っても がんばれよ ツバサ
今までの 素晴らしい プレイの数々 本当に ありがとう ツバサ
この大声援に 応えるツバサ ツバサは これより 小さい頃からの夢 〝世界一のサッカー 選手〟を目指し ヨーロッパへと 旅立ちます
ツバサ
この地 ブラジルは 俺にとって まさに 第2の故郷です
ツバサ
翼くんは 日本だけでなく このブラジルでも こんなに多くの サッカーファンに こんなにも 愛されていたのね
ぬぎっ
ツバサ
さよなら ブラジル
そして…
ワ
ア
ア

オブリガード
ブラジル
俺は旅立つ
すべては2002年のため
ROAD TO 2002

うぉ

俺は
ヨーロッパでの戦いに
挑む!!

ROAD TO
2002

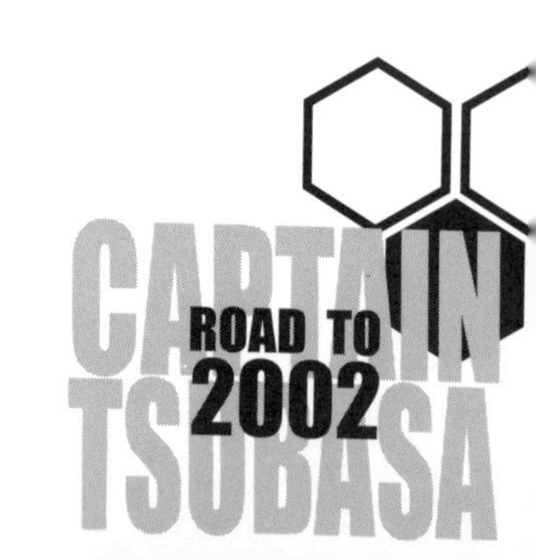
CAPTAIN TSUBASA
ROAD TO 2002

静岡県 南葛市の小さなサッカーグラウンドでの出会いから数年……

ROAD 2 移籍先決定!!

ヨーロッパクラブNo.1を決定するチャンピオンズリーグ

その夢の舞台に日本人ふたり

日本
ブラジルを経て
このヨーロッパに
進出した
サッカーの申し子
大空 翼
いけェ
翼!!
TSUBASA
10

止めろ若林!!
こい翼!!
そして世界が認めるS・G・G・K若林源三
両雄まさに10年ぶりの激突です!!
……早苗
………
adidas

Caixaterrassa
CAJA MADRID
IBERO
FIATC
FIATC
AMSTEL BEER
AMSTEL BEER
PlayStation
EUROCARD
ROAD 2
移籍先決定!!

rCard
FORD
uhlsport

早苗ちゃん
ゴ
翼くん
もうじき
着くから
シート
戻して
あ…はい
私…
夢
見てた
ッ
キ
翼と早苗はブラジルから
このヨーロッパの地へやってきた
ANA
全日空

ドイツ――ハンブルグ――
バチィ
どうした
FW!!
まだ一本も
決めてないぞ
がしっ
ばしっ
くそっ
ドウッ

あっ
ナイスセーブ!!
若林くん
来たな

翼
あねご

もう若林くんあねごはないんじゃない
ハッハハハ…
わりィわりィ

どうだ翼ハンブルグの環境は

うんサンパウロの施設も充実してたけどやっぱりここも素晴らしいね

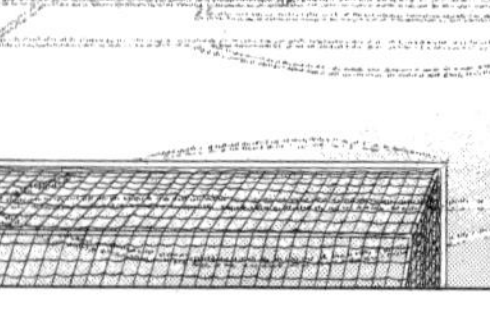
まァヨーロッパの国はどこでもそうだよどの国へ行ってもサッカーはNo.1の人気スポーツ
どんな田舎町へ行っても芝の立派なサッカー場がある
サッカーにおける環境の点では日本は まだまだヨーロッパに遠く及ばないよ

そうだね

ところでお前の移籍先は決まったのか?
いやまだ…

まァ
うちのチームに
来てくれれば
俺としては
大助かりだけど
でも
あねごは夢で
見たんだよな
チャンピオンズ
リーグでの
俺と翼の
対決を
コラッ
あねご
あねご
言うなァ

まァ
伝統ある
UEFAカップや
ヨーロッパNo.1を
決定する
チャンピオンズリーグ
その決勝で
日本人同士が
対決する
なんてことが
できれば…
それは
それで
面白ェよな

うん
翼
お前が
迷ってる間に
どうやら
日向は
決めたらしいぞ
えっ

イタリア──トリノ──
●トリノ
イタリアユース代表
サルバトーレ・
ジェンティーレ
鉄壁の
ディフェンスだ
それっ
カウン
ターだ
ナイス
ジェンティーレ
ドカァッ
うっ
そして
これを
前線に大きく
フィード
そのボールの
行く先は…

ワールドユースを
制した
日本ユース代表
くるっ
ビクッ
うりゃあ
止めろォ!!
わっ
猛虎日向小次郎だ!!
うわっ
出た
日向の18番
直線的
ドリブルだ

それだけじゃねエ!!
くそっ
くらえ〜〜っ
スライディングタックルをかわしての…
なにィ

ジャンピング
タイガー
ボレーだ!!
わっ
おおっ
ナイス
日向ァ!!

た　その実力!!

ユベントスと正式契約

日向小次郎（東邦学園・卒）

HYUGA

ユベントス

短期留学で見せ

タイガーショット全開!!

本場も認めた その破壊力!!

日向小次郎
ユベントス プリマヴェーラ
(19歳以下)に特別加入

3試合で11得点!!

若林源三(ハンブルグ)
大空 翼(サンパウロ)に続き
黄金世代3人目の
世界進出!!

これが昨日
見上さんが
ファックスしてくれた
日本の新聞の
キリヌキだ

翌日
共同記者会見も
開かれたらしい
それによると…

日向小次郎 イタリア セリエA ユベントス入団記者会見

ザワ
ワイ
ザワ
ザワ
ワイ
ザワ
日向小次郎 イタリア セリエA ユベントス入団記者
それでは最後に日向小次郎 本人よりイタリア セリエA挑戦その意志表明を行ってもらいます
ガヤ
ガヤ
ワイ
ワイ
ザワ
元・東邦学園スカウト部長
現・マネージメント会社
㈱スクランブルエッグス社長
松本 香
彼女だろ日向についてる敏腕マネージャーって
ああ
ヒソ
ヒソ

"ワールドユース
日本優勝"
それを契機に
始まった一連の
エースストライカー
日向小次郎ブーム
その仕掛人
CMや
雑誌展開……
CONY
MEN'S MON-NO
12
日向の美学
日向小次郎
ゴール集
熱闘ストライカー
日向小次郎
HYUGA
LUCIBO
"姿勢堂メンズ美容品
男を磨け！日向のように"
有名企業の
数々の
スポンサードを
日向に
つけさせたのも
彼女の手腕だ

それだけじゃない
本業の方でも…
その語学力を
生かし
ユベントスへの
短期留学の
話をまとめたのも
代理人交渉の
立会人として
今回の正式契約を
迅速に進めたのも
すべて
彼女の力だ
ザワ
ザワ
ガヤ
ガヤ
彼女が
いなかったら
日向の こんなにも
早い時期での
ユベントス入団は
決して
ありえなかった
はずだ
バッ
香さん
俺……
感謝してる
……
だから
優勝して
みせて
えっ

日向くん
感謝なんてしなくて結構よ
自信を持ちなさい！ユベントス入団は君が実力で勝ち取ったものなんだから
それにね君の嫌いなCMや雑誌への出演で私の会社は大儲けさせてもらったんだから
ヒソ
ヒソ
？
小次郎
イタリア
セリエA
フッ

俺の夢は
世界一の
ストライカーに
なること
その夢を叶(かな)えに
俺はイタリアへ
行く
〝カティナチオ〟
その言葉に
代表されるよう
誰もがイタリアの守りは
世界一だと認める
世界一の
固い守りを誇る
セリエA
その守備網を破りに
錠(カティナチオ)をこじ開けに…
いや ぶち壊しに!!

俺は
ユベントスに
入団する
目標は
セリエA
得点王だ!!
おお…!!

そうか
日向くんは
セリエA
ユベントス!
目標は
セリエA得点王か
それだけじゃ
ないぜ

今 富士スポーツ医学研究所で
懸命のリハビリをしている
岬もケガ完治後の
フランスリーグ挑戦を表明している
ハァ
ハァ
ハァ
ボクも
小次郎に
続くぞ
タ タ タ タ タ

今は いったんJリーグに入った他のメンバーも
みんな いずれは自分も海外へという希望を
持っているはずだ

俺達
サッカー
〝黄金世代〟は
JFA
日本という
小さな器の
中だけには
納まらない

海外進出＝世界への挑戦
それこそが
ROAD TO 2002

2002年
日韓共催
ワールドカップでの
日本の躍進に
つながるんだ!!

日向が
自分の戦う場所を
イタリア セリエAに
決めたように
翼もまた 自らの
戦う場所を探し求め
ヨーロッパ縦断の
旅を続けた――
ajax
オランダ
――アムステルダム アレナ――
フランス
――サンドニ――
パリ
パァン

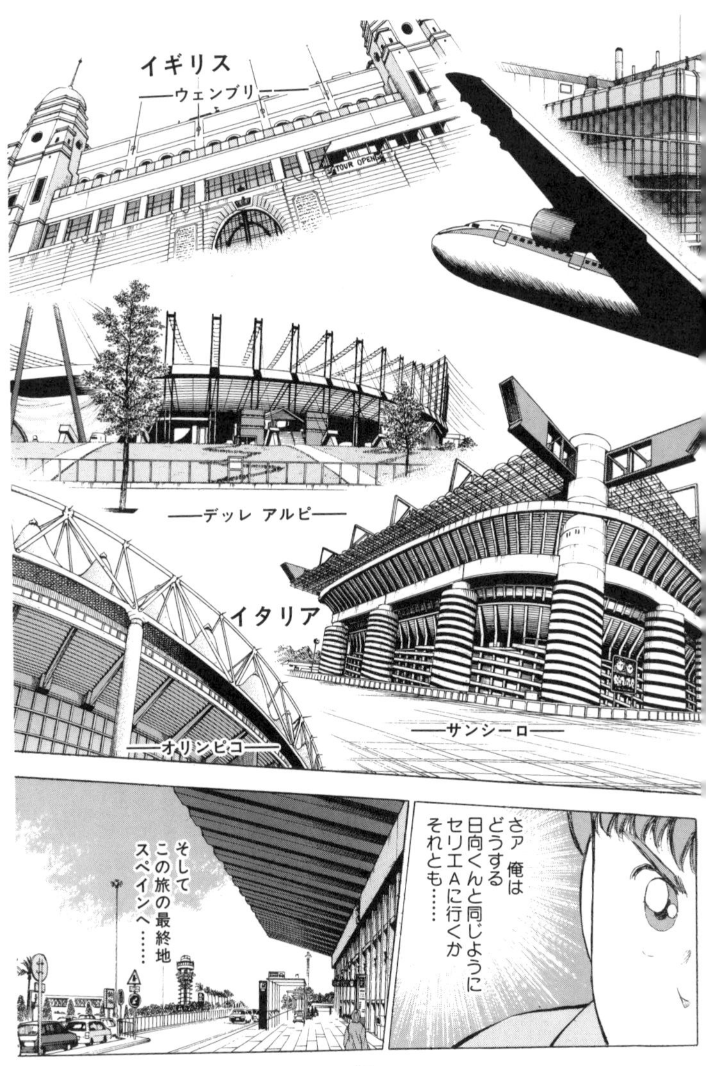
イギリス
ウェンブリー
TOUR OPEN
デッレ アルピ
イタリア
サンシーロ
オリンピコ
さァ 俺は
どうする
日向くんと同じように
セリエAに行くか
それとも……
そして
この旅の最終地
スペインへ……

スペイン
――バルセロナ――
はい
これが一番有名な
ガウディ建築物
サグラダ・
ファミリア聖堂ね
わ〜〜っ
すごい

さァ
次 行くね

早苗ちゃんは

今まで回った
ヨーロッパの中で
気に入った街とか
あった?
翼くん…

私のことは
気にかけないで
いいから

私は…
翼くんが
決めたところなら
どこへでも
ついていくから!

………

ありがとう

ギュッ

プーパプー
はい
新婚さん
いつまでも
いちゃついてないで
早く乗って

はい
ここが
カタルーニャ
広場

これが
コロンブスの塔

ここが
グエル公園

あの
運転手さん
ボク達が
行きたいのは…

わかってる
わかってる
ブロ…
サッカー
ファンなら
バルセロナに
来たら一度は
行かなきゃ
いけない

ここが
ヨーロッパ最大の
サッカー専用
スタジアム…

カンプノウ
スタジアムだ
BARCA
RIVAUL
10
!
あの
ユニフォーム
は……

バア
わ〜っ
ブロオオオオ
どーもわざわざよく来てくれましたMr.ツバサ
ようこそバルセロナへ
通訳の小野サイモンです
バルセロナクラブ役員
いや〜〜〜っワールドユースやサンパウロでのあなたの活躍はここ スペインでも大評判ですよ
ありがとうございます
あのいきなりなんですけど
フィールドカンプ ノウのピッチに立たせてもらってもいいですか
えっ

こ…ここが
カンプノウ!!
calaterrassa
CATALAN
FIATC FIATC
Play Station
Voll-Damm
EUROCARD

IS IS FOOTBALL
HYUNDAI
FORD
FORD
EUROCARD

こ…ここは
私が
夢で見た…
あの時の
スタジアム!!
翼
ツバサ
ツバサ
ツバサ
翼
翼
ツバサ
ツバサ
!!
ビッ
ビッ
ASA

ツバサ
ツバサ
翼
ツバサ
翼
つ…翼くん
ツバサ
ツバサ
TSU
1

バルセロナ市内
観光ツアー
ここがスペインリーグ
バルセロナの
ホームスタジアム
カンプ ノウ
スタジアムです
おおっ
でけエ
ドン
あっ
ポロ
ボクの
サッカー
ボールが…
てん
てん
てん
てん
ここに…
決めました!
えっ
君
今
Mr.ツバサは
なんと?
こ…
ここに
決めたと…
ええっ
翼くん

ボク
サッカーボールは
大事な
〝トモダチ〟だよ
もっと大切にね!!

えっ
お兄ちゃんは
………
だ…
誰!?

俺は翼!!
ブラジル
サンパウロから
移籍してきた…
てん

バルセロナの大空 翼だ!!
CAJA MADRID

今日から ここが
俺の主戦場(フィールド)だ——

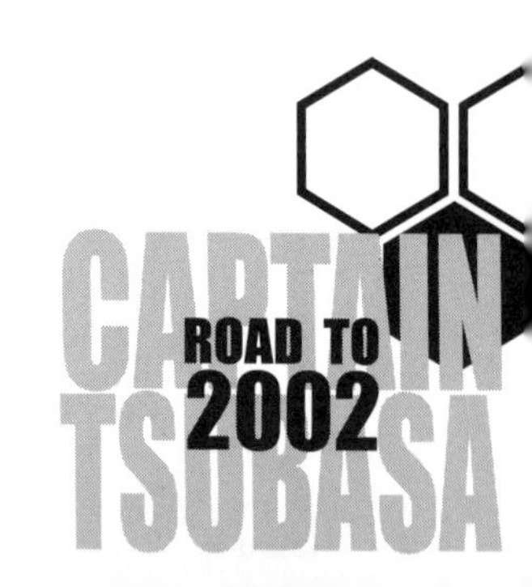
CAPTAIN TSUBASA
ROAD TO 2002

ROAD 3
最初の激突!!

カンプノウに
隣接する
バルセロナB――
名門バルセロナの下部チーム
若手を中心に
リーガ エスパニョーラ
2部リーグを戦っている
しかし 1部リーグに
バルセロナ トップチームが
いるため 好成績をあげても
1部に昇格することはできない
こっちだ
ワン
トラップで
つなげ
回せ
回せ
〝バルセロナB〟
練習場

バルセロナB所属選手の
目標は ただひとつ
バルセロナ
トップチーム入りである
つぶせ
チェック
に行け
当たりが
甘いぞ

ハァ
ゼェ
ハァ
ゼェ
ハァ
ハァ
ゼェ
ゼェ

ハァ
ゼェ
ハァ
ゼェ

ピィィィィィィ
よし 紅白戦終了 今日はこれまでだ
はい
ピタッ
さてと…
俺達も最後の仕上げといくか
おい お前ら!!

バルセロナのツバサ選手
ボクのボールにサインください!!
き…きみは
わっ
だってボクに蹴り返してくれたオーバーヘッド超かっこよかったんだもん
だから一発でファンになっちゃった

ヨーロッパ進出
翼くんの
ファン1号ね
はい
どーも
ありがとう
ボクの名前は
ピント
根っからの
バルサファン
わからない
ことがあったら
なんでも
聞いてね
ハハハ…

今日
バルサの
トップチームは
ポルトガルに
親善試合で
遠征してるから
いないけど
バルサBチームや
ユースの選手達は
あっちの
グラウンドで
練習してるよ

練習場も
見てみますか
はい
ぜひ
ツバサさん
こっち こっち
はやく
はやくぅ

うわっ
!!
えっ
わっ
ズル…

おい
大丈夫か
ドンゴ
うっ…
こ…
コーチ
や…役員
くるっ
これは
いったい…
そ…それが
おまえら
一人ずつ
かかってこい！
俺達3人を抜いて
見事 ゴールを
決めたやつは
俺達が直接
ファンサール監督に
トップチーム昇格を
推薦してやるぞ!!
ほ…
本当
ですか!?

でも
いまだ
一人も…
よし
俺が
行くぜ!!
おおっ
バルサBの
得点王
セラーノが
挑むぞ
………
行くぞ!
ここは俺に
やらせろ
行けェ
セラーノ

よし
まず一人
かわしたァ
えっ
いや
ちがう
これは…
最初から
ここを
狙って
たんだ!!

うわっ
ぐわっ！
下から突き上げるタックルだァ!!

スクッ
へへへ…
ピント 彼ら 3人は…!?
フォンセカ アウミージャ ゴンザレス 3人とも バルサ トップチームの DF……
ペドロ フォンセカ(DF)（ポルトガル代表）28歳
ゴルドバ ゴンザレス(DF)（元 スペイン代表）32歳
マルコス アウミージャ(DF)（ブラジル代表）27歳
今年は3人とも ケガで満足なプレイは できなかったけど 元々はバルサの レギュラー選手 だったんだ

どうした
次は誰だ!
もう
いないのか
遠征には参加することができませんでしたが
彼ら3人のケガはほぼ完治してるみたいです
来季はやってくれそうですよ
そうかね
ム…
ムリだよ
トップチームには入りたいけど…
むやみに向かっていってもケガさせられるだけだよ
俺が
行きます!!

ギュッ
えっ
翼くん
翼さん
なんだてめェは!? 部外者は神聖なグラウンドに入るんじゃねえ!!

いや いいんだ
彼は来季から
うちの一員になる
大空 翼選手だ!!
ええっ
大空 翼……
あの
ワールドユースの
MVPか……
チームの
登録メンバー数は
決まっている
一人 入れば
必ず一人
出ていかなきゃ
ならない…
それが
プロの掟
そして
その
一人とは
俺自身で
あるかも
しれな
いんだ

3対1の
勝負……
いや……
3対3だ!!
ボールと
このフィールドは
いつでも
俺の仲間だ!!
ニッ

なに
ニヤけて
やがんだ
小僧!!
くるなら
さっさと
かかって
こい!!

はい!

なにィ

真剣
勝負!!
ギラッ

いきます!!
こい 小僧!!
これは
てめェの
入団テストだ
本当に
バルセロナに入る
実力があるかどうか
俺達が見極めて
やる!!

ここは戦場!!
戦いはもうすでに始まっているんだ!!
ワールドユースで通用しても
俺達には通用しねえぞ!!

uhlsport
ROAD 4
リーガの洗礼!!

俺のヨーロッパでの戦い
俺の〃ROAD TO 2002〃はこの瞬間から始まるんだ
おふたりさん…
ここは俺が先にやらせてもらうぜ

!!
構えにまったくスキがない
ならばこっちが動いてそのスキを作るまでだ
おおっこれがブラジル仕込みのフェイントか

さすがワールドユースMVPいい動きだ
だが抜かせん!!
ガッ
ダッ
ダッ
ピタッ
よし密着マークの体勢に入った!!
これはふたりのボールキープ合戦だ
この体勢に入ればフォンセカは抜かせない

反則ギリギリで
腕を巧みに
からませ
ギュル
グリッ
相手を
しつこく
押さえつける

これが
フォンセカの
〝スネーク
マーク〟だ

やばい
翼さんの
動きが
完全に
封じられた
ツバサ
選手ゥ〜っ
やっぱりブラジル
でのマークとは
一味 違う…

これが
ヨーロッパの
ディフェンスか!!
ヨラッ

なにィ
あ…
あいつ
今 笑って
なかった
か!?

上体を
これだけ
押しても
まったく
体勢を
崩さねえ
こいつ
なんていい
バランスを
してやがるんだ

だったら
仕方ねえ
…
ピクッ
!!
!!
右サイドに
スキが…

よし
ここだ!!
あっと
一瞬のスキを
つき
ツバサが
抜いたァ
えっ
いやっ
しかし そこには
アウミージャの
タックルが
待ち構えているゥ
ああっ
危ない!!

ズバァァァ
スキを見せたのは…
わざとだったのか
DF同士の
連係プレイ
これがヨーロッパ
名門チームの
高度な
ディフェンスだ
えっ
ああっ
き…
消えた!?

う…
上だ!!
あの
トップ
スピード
から
いきなりの
ジャンプ
なんて
スピード
なんて
反射神経を
してやがるんだ
この〜〜っ
俺のタックルは
2段タックル
なんだよォ
〜〜〜っ
えっ

はい!!
それはさっき見ました!!
なにィ
こ…こいつ
いい気になるな小僧
まだ終わりじゃねえぞ
最後の最後まで決してあきらめない
それがヨーロッパディフェンス

な…
でも
ボールは
〝トモダチ〟
絶対
渡さないぞォ!!
おおっ!!
すげェ
フォンセカの
執拗な
後追い
タックルも
かわしたァ!!

ズ
ル
!!
あ〜〜〜っ
でもツバサが
体勢を
崩したァ
ポロッ

悪いがおまえの突破も…
ここまでだア!!
や…やっぱり俺の貸したはき慣れないスパイクだから…
えっ
ボールとこのフィールドはあくまで…
俺の仲間だ!!
今日すでに3人の負傷者を出している
壊れたダンプカー巨漢ゴンザレスの…

殺人タックルだア!!
こちとら試合に出られないフラストレーションがたまってるんでな…!!
ボールは渡してもいいよけろMr.ツバサ!!
入団前のこんなところでケガしても仕方ないぞ

最初に決めたんだこれは真剣勝負!!

ボールごと
吹き飛べェ!!
俺は
逃げない!!

翼くん
ツバサ
わっ血だァ!!
なんて気迫だ
こいつ……
逃げるどころか
ボールと俺の
スパイクめがけて
飛び込んで
きやがった
プレイは…
まだ続行中だ

えっ
なっ…
こ…これは

これが俺のヨーロッパ進出スペイン初ゴールだァ!!

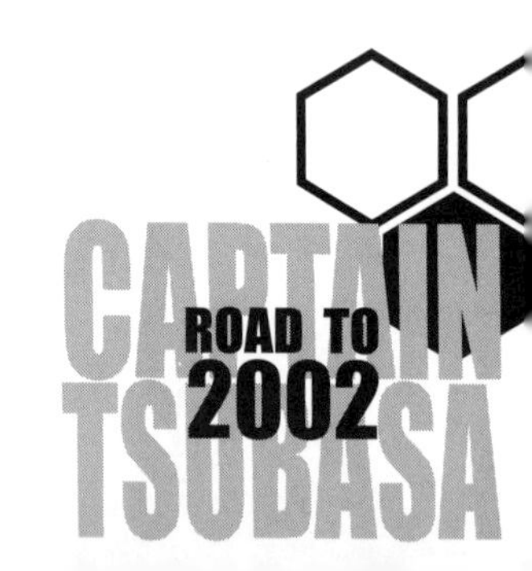
CAPTAIN
ROAD TO
2002
TSUBASA

ROAD 5
バルサでの第一歩!!

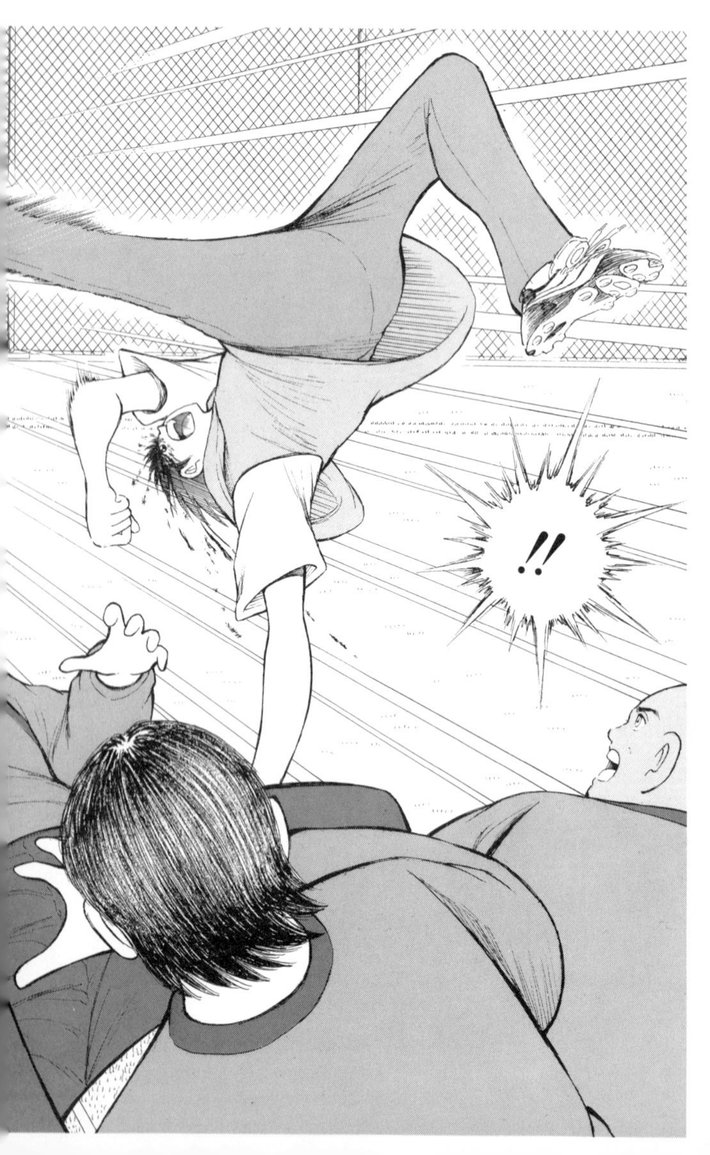

フィールドと…
ボールは…
いつも俺の仲間だ！
おおっ
決まったァ
すげェ
オーバーヘッドシュートだ!!

大空 翼が
たった一人で
3人を…
バルサの誇る
DF3人を抜きさり
シュートを
決めたぞォ!!

すご〜〜い!!
オレ ますます
ツバサさんの
ファンに
なっちゃっ
たよォ
翼くん
い…
痛っ…

おい
大丈夫か
はい!
こんなの
カスリ傷です
フッ
ようこそ…

バルサへ

ニコッ

翼さん
とりあえず
医務室へ…
はい

たいしたヤツだ

ブラジルの名門サンパウロの10番
ワールドユースMVPはダテじゃない

ホントまいったぜ

でもツバサはなんでよりによってうちを選んだんだ
そうだな

いくらツバサに実力があってもここバルセロナじゃすぐにレギュラーをつかむことは…
ああ〝絶対にムリ〟だぜ

今日は
ありがとう
ございました
たった
ワンプレイの
勝負だったけれど
とても有意義
でした
そうかね
やっぱり
俺が思ったとおり
ここヨーロッパでは
サッカーが
うまいだけじゃ
通用しない
精神的にも
肉体的にも
強くなきゃ…
うまくて
強い選手
じゃなきゃ
ここでは
通用しない

2002年に向け…
俺は ここで もっともっと うまく…そして 強くなる!!
ホント もったいないぜ
よその チームなら ツバサも すぐに レギュラーとして 活躍できる力を 持っているのに……
でも ここでは ダメだ
ああ
バルセロナ には ヤツがいる
ツバサと同じ 攻撃的MF トップ下の ポジションには あいつが…

ポルトガル
——リスボン——
現役ブラジル代表キャプテン…
バルセロナの背番号10
昨年度のFIFA MVPならびにバロンドール（ヨーロッパ最優秀選手賞）受賞者……あの…
リバウールがいるんだ!!
SPORTING LISBON
MINGORI
SCP

バルサの鷹がポルトガルの空を舞ったァ
RIVAUL 10
リバウールの18番オーバーヘッドシュートだァ

決まったァ〜〜〜〜っ
鮮やかなゴ〜〜〜〜ル
リバウール
リバウール
リバウール
リバウール
リバウール
リバウール
リバウール
リバウール
敵も味方もないすべての観衆がまさに　このリバウールのプレイの虜ですとりこ

世界最高峰の
サッカー選手(プレイヤー)
リバウール
リバウール
リバウール
翼とリバウールの遭遇は
まだ先の出来事となる――

翼とバルセロナは翌日 早くもこの移籍を正式発表した
GIUPASSA
──日本──
巧く!! そして 強くなる!!
翼 ヨーロッパへの挑戦!!
バルセロナ入り決定
リーガ エスパニョーラ
バルセロナ入団
スペ
バルサの大空翼誕生!!
サンパウロから25
TSUBASA
10

翼 移籍
大空翼 スペイン・バルセロナへ!!
2
億
そうか 翼は スペイン
バルセロナか
ついに 決めたか 翼
翼は バルセロナか
ああ 新聞で見たよ 翼は バルセロナに 決まったってな
正式に 決まったか 翼くん
翼なら どこへ行こうと 絶対 活躍する はずタイ
はい

さすが
翼だな
ブラジルの名門
サンパウロから
今度は
スペインの名門
バルセロナに
入団だ
クライマックス!
こらっ!
おまえら
いつまで
休んでんだ!!
早くこい!!
そんなこっちゃ
今年も
おまえら
補欠のままだぞ
はーい!!
すんま
せ~~ん
今 行き
ま~~す

ズバババアアッ
―沖縄―
そうか
翼くんは
スペインリーグ
バルセロナに
決めたのか
ザ… ザ…
吉良少年サッカースクール

俺も　ここでの自主トレを終えた後にはイタリアに旅立つ!!
どっちが先にヨーロッパで活躍できるか勝負だぞ翼

ドイツ
──ハンブルグ──
タタタタタ
!!
翼は
サンパウロから
バルセロナに
移籍した

今度は若林
おまえが
ハンブルグから
移籍する番だぜ
おまえは…

カール・ハインツ・
シュナイダー

ROAD 6 鋼鉄の肉体!!
直接
おまえを
口説きに
来たよ
球団からの
オファーは
届いてるだろ
ミュンヘンへ
来い
若林

俺と一緒に
〃チャンピオンズリーグ〃優勝を
目指そう!!
若林!!
adidas

〃チャンピオンズリーグ〃
ヨーロッパ
各国リーグの
上位チームのみに
出場権が与えられる
まさにヨーロッパNo.1
クラブチームを決定する
〃スーパーリーグ〃
ヨーロッパのクラブチームは
各国のリーグ制覇と
このチャンピオンズリーグの
優勝を目指し
戦っていると言っても
過言ではない
ROAD 6
鋼鉄の肉体!!

シュナイダー
俺は ハンブルグを 出る気はない
若林…

おまえが ここから ミュンヘンへ 移籍したのは 自然な流れだ
なぜなら おまえの親父さんが 今ではミュンヘンの 監督だからな
そして昨シーズン おまえたちは 見事 親子鷹として ブンデスリーガ 優勝を 勝ち取った
ミュンヘン ブンデスリーガ優勝 シュナイダー親子に 栄冠!!
OPEL

adidas
かたや俺は 両腕を負傷 シーズンを 棒に振り
チームも 7位と 低迷した

だからこそ今シーズンはその借りをここで返さなきゃならないんだ!!
なによりハンブルグは俺を育ててくれたチームだ
サッカー後進国の日本から来た小学校を卒業したばかりの俺を鍛え こうしてプロのサッカー選手にしてくれたのはまぎれもなくここなんだ
………
チームへの恩義か
そんなものにいつまでも縛られていたらおまえのこれ以上の成長はないぞ
若林!!
なにィ

おまえも
よく知ってる
ふたり
ともに
ワールド
ユースを
戦った
スウェーデン代表
ケルンの
ステファン・レヴィンと
中国代表
肖俊光
肖 俊光
ステファン・
レヴィン
彼ら ふたりは
今シーズン
ミュンヘンで
戦うことになったぞ
えっ
idas

ふたりだけじゃない
いまやミュンヘンは
各国代表を
ズラリと揃える
スター軍団へと
変貌しつつあるんだ
デンマーク代表
コールマン
ナイジェリア代表
ミンバ
ドイツ代表
シュナイダー他
多数！
クロアチア代表
シーケン
間違いなく
今シーズンも
ブンデスリーガを
制するのは
俺達
ミュンヘンだ

そして その
常勝スター軍団を
一番 後方で支え
ミュンヘンの
ゴールマウスを守るに
最も ふさわしい男こそ
若林
おまえだと
俺は
信じているんだ
俺と一緒に
ヨーロッパ…いや
世界最強の
チームを作ろう
若林!!

シュナイダー
おまえの
話を聞いて
ますます
俺は
決意を固めたよ
adidas
今シーズン…

〝レヴィン
シュート〟も
〝反動蹴速迅砲(はんどうしゅうそくじんほう)〟も
HSV P
LEISTUNGS.-ZENTRUM
Moravia-Pils
そして
おまえの
〝ファイヤー
ショット〟も…

すべて俺が止めてやる!!
adidas
adidas
それが答えか…
若林
ああ
フッ
相変わらず頑固な性格だ
おまえのその気持ちを変えるにはやっぱり…
ガチャ
戦うしか
チャッ

戦って
おまえを倒すしかないんだな
………
ああ

シュナイダー
今シーズン
おまえ達に
連覇はさせない
ミュンヘンを倒し
ブンデスリーガを制し
俺は
〝チャンピオンズリーグ〟の
舞台に立つ
adidas

そこで俺は
チャンピオンズリーグという
夢舞台で俺は……
翼や
日向と
戦うんだ!!
HYUGA

7月
――ハワイ――
世界を駆けめぐる
翼は……
タッ
タッ
タッ
タッ
タッ
タッ
TEAM
TSUBASA
TEAM
TSUBASA
TEAM
ハァ
ハァ
ハァ
ハァ
ハァ
ハァ
もく〜〜っ
ダメだ
ボクは
ここで
リタイアだ
ヘナ
ヘナ

この地
ハワイで
自主トレを
開始していた
はい
お疲れさま
飲み物よ
あ…
ありがとう
ハア
サンキュー
マネージャー
なんちゃって
ハア
ハア
ハア
ハア
ハア
ハア
俺も
……なんか
こうしてると
中学時代を
思い出すな
俺もだ
ハア
ハア
ハア
ハア
ああ
翼とともに
全国大会V3を
達成したんだよな
俺達

でも　いまや
翼は
遠い存在だ
中学時代は
なんとか
やれたけど
プロになった
翼に
ついていくのは
もうムリだよ
よし
次はワシを
肩車して
ドリブルだ
え〜〜っ
この
自主トレで
強靭な肉体を
作りたいんだ
だろ
は—い
専属トレーナー
帝都体育大学 教授
有賀 大志
同 助手
大川 学
この合宿で
少しわかったよ
翼の肉体の
秘密が
えっ
普通の人は
利き腕
利き足の方が
強いから
バランスボールを
使った練習をしても
片方では
バランスが
取れても
もう片方だと
バランスが
取れない

でも翼は右と左の筋力が同じくらい強いんだ
だから左右どちらでもバランスを取ることができるんだ
左右のバランスそのことを常に考えて翼はトレーニングをしている…
ガシッ
だから翼にボールをキープされるともう誰もボールを取れないんだよ
う…動かない
なるほど

サッカー選手にとって
とても大事な
そのバランスを
崩さないよう…
その上に…
ヨーロッパの
激しい当たりに
対抗するため
特に上半身には
もう一回り
厚い筋肉を
つけるそうよ
翼くんは
この自主トレで
さらに強靱な肉体を
作ろうとしている
ファンタジスタ
(芸術家)で
ありながら
グラジエイター
(戦闘士)
でもある

翼くんが目指しているのは
〝巧くて強い〟サッカー選手なの
うひゃ〜くっ これはキツい
そうか翼は
〝ファンタグラジスタ〟を目指しているのか

よーーし
いいだろう
次は
お待ちかねの
ミニゲームと
いくか
やったァ
ハァ
ハァ
お～～～い
みんなァ
砂浜（ビーチ）サッカーが
始まるぞォ
一緒にやろう!!
おう!!
この自主トレで
鋼鉄（はがね）の肉体（よろい）を
身にまとい

俺は
リーガ エスパニョーラ
そしてチャンピオンズリーグに
挑戦する!!

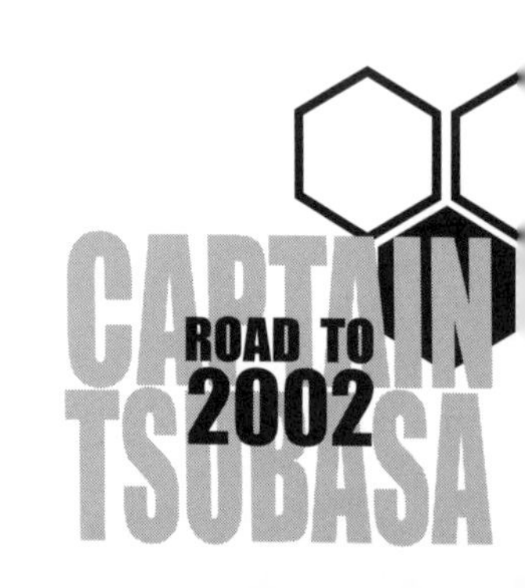
CAPTAIN TSUBASA
ROAD TO 2002

ROAD 7　それぞれのシーズンイン!!

建てたっていうか…
建て売りの家を
買っただけだけどな

しかも その資金は
香さんに
言われるままに
本業じゃないところで
稼いだ金が
ほとんどだ
日向小次郎 自伝
猛虎
サッカープレイヤー
日向小次郎
写真集

でも これは…
プロサッカー
選手になって
金を稼いだら
叶えようと思ってた
ふたつのことの
ひとつなんだ
ふたつのこと?
ひとつは
借家じゃない
みんなが安心して
住める一軒家を
建てること
そして
もうひとつは
父ちゃんのための
立派な墓を
作ることだ

小さい頃からの
その夢の
ひとつが
叶った
本当に
ありがとうね
小次郎
母ちゃん
父ちゃんの墓は
後回しに
なっちまったけど
きっと許して
くれるよな
うん
父ちゃんの
墓は…
イタリアに行って
この脚で
稼いでくるぜ!!
パアアン
うん!
そうだね
それから今度は
私達のためじゃなく
自分自身の夢を
叶える番だよ
小次郎
……
ありがとう
母ちゃん
日向
元気でね
兄ちゃん!
頑張ってきてね
小次郎兄ちゃん!!
じゃあ みんな
行ってくるぜ
母ちゃんに
心配
かけるなよ
うん

ROAD 7
それぞれのシーズンイン!!
ITALIA SERIE A
KOJIRO HYUGA

adidas
GENZO
DEUTSCHLAND BUNDESLIGA
WAKABAYASHI
TSUBASA
ESPAÑA LIGA ESPAÑOLA
OZORA

新東京国際空港
NEW TOKYO INTERNATIONAL AIRPORT

ガチャッ
日向くん
さァ みんな しっかり ガードして
はい!!

なんスか これ

どこから 聞きつけたのか 君の見送りに ファンやら 報道陣やらが すごいのよ
さすが 注目度 バツグン ですね 日向さん

お…おまえら
ハイ 日本の味 恋しくなると 思うから おせんべいの 詰め合わせです
沢田タケシ
東邦学園 3年
まァ 好物のコーラは 世界中 どこでも 飲めるしね
反町一樹
J1 ヴィッセル神戸
日本の実力 イタリアでも 見せつけて きてください
若島津 健
J1 名古屋グランパスエイト
なんせ アンタは 俺達に とっての…
永遠の キャプテン なんですから

キャーーキャアアッ
来たァ♡
日向くんよ
超
かっこいい
〜〜〜っ♡
キャーー
イタリアでも
頑張ってきて
くださ〜い
キャア
セリエAも
見にいきま〜す
日向
さァ〜〜ん
こっち
向いてェ♡
こじこじ
ステキ〜っ♡
小次郎
愛してるゥ〜っ♡
キャアア
すごい
人ゴミ
これじゃ この
お守りの人形
とても渡せない
……
キャアア
来るんじゃ
なかったな
キャアア

くるっ
えっ
ピタッ
日向さんどちらへ!?
キャーーッ
日向くんがこっちにくるゥ〜っ
よォ
えっ
2 3日前の新聞見たよ
期待の新星シリーズ①
赤嶺真紀(投手)
女子ソフトボール日本代表入
目指せ!!
おまえも頑張ってるみたいだな
うん

だから
アンタも
頑張って
こいよ!!

ああ
サンキュー
じゃあ
行ってくるよ
うん

え〜〜〜っ
なになにィ
なんなのよ
〜〜〜っ
あの子
日向さんの
知り合い?
ウソ
超
ムカつくって
感じ
ザワ
ザワ
ワイ
ワイ
ザワ
ザワ

日向〜〜〜っ頑張ってこいよォ!!
おまえを応援してるのは女だけじゃないぞォ!!
おまえの夢は俺達サッカーファン全員の夢でもあるんだからなァ!!
日向命
ありがとうみんな
俺の夢は世界一のストライカーになること
Bristol

その夢を叶えに
セリエA得点王
目指して
俺は
イタリアへ
旅立ちます!!

Alitalia
ドイツ
——ハンブルグ——

ハア
ハア
ハア
そろそろ あがろう 若林

まだ まだ
もう ワンセット だ!!
ええ〜っ
気合い入りまくりですね 最近の若林は
ああ

ケガで棒に振った昨シーズンのこともあるし なによりドイツのブンデスリーガはイタリアやスペインより 一ヵ月 早い開幕だからな

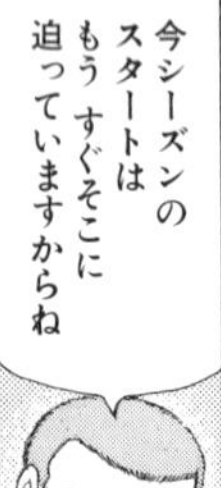
今シーズンのスタートは もう すぐそこに迫っていますからね

ああ 今季も当然優勝候補No.1のミュンヘンを中心にリーグは動いていくだろう
でも それだけミュンヘンは他のチームにマークされるとも言えるんだ

だから
戦い方次第で
当然うちにも
優勝のチャンスは
出てくる
そして
若林にとっては
超弩級の
ミュンヘン攻撃陣を
シャットアウト
してこそ…
S・G・G・K（スーパーグレートゴールキーパー）
その称号が
本物の意味を
持つことと
なるんだ!!
SGGK

スペイン
――バルセロナ――
チチチ・・・
バルセロナ
トップチーム練習場
ポ
ダムッ
バム
ダム
バム

PORTA
―カンプ ノウ―
ボールくん
今日から
バルセロナの
キャンプが
始まるんだ
バム
9月から始まる
リーガ エスパニョーラ
に向けての
チーム練習が
いよいよ始まるんだよ
F.C.B.

ザッ
随分 早いな

練習開始は10時だぞ
まだ2時間も早いじゃないか

リバウールさん

当然 翼も
世界最高峰の
サッカープレイヤー
リバウールのことを
知っていた
すみません
10時からなのは
わかってたん
ですけど
なんか
いてもたっても
いられなくて…

一刻も早く
ここで
サッカーが
したくて
来ちゃいました!
フフ…
？
そうか…

俺もだ

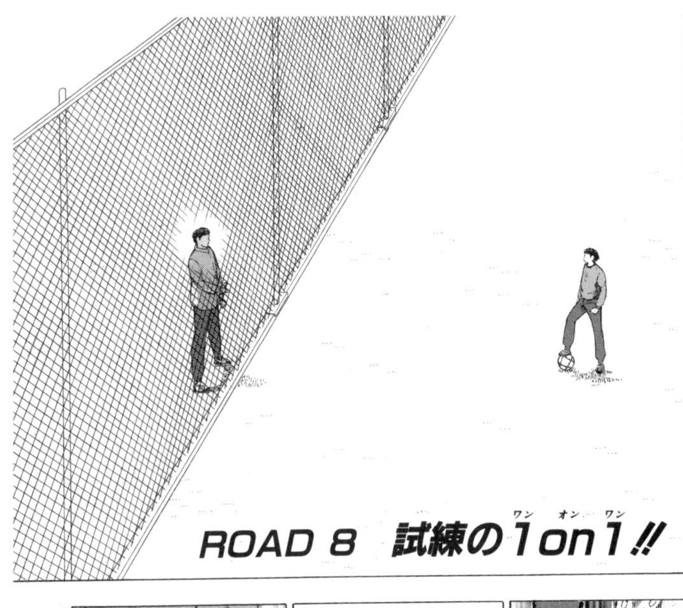

ROAD 8 試練の1on1（ワン オン ワン）!!

ダーン
ROAD 8
試練の1on1(ワン オン ワン)!!

バルサの鷹…!!
リバウール
ズダッ

すごい
ジャンプ力……
それに
腕力も……
ストレッチは
すませて
あるのか
は…
はい
じゃあ
少し
やるか
は…
はい！
お願い
します!!

ザ
ワ
ザ
ワ
練習は
10時から
です
それまでは
入れません
ガ
ヤ
ガ
ヤ
ザ
ワ
ザ
ワ
ガ
ヤ
ガ
ヤ

ギッ
よォ
久しぶり
おう
いよいよ
キャンプイン
だな
しっかり
自主トレは
すませてきたか
あたぼうよ
バダン

それにしても
門の外
すごい報道陣の
数だな
ああ
それも
ほとんどが
日本人だ

バルサ初の
日本人選手
大空 翼の
取材か
しかし うちに
リバウールが
いる限り
かわいそうだが
ツバサが
レギュラーを
獲ることは
まずムリだぜ
ああ

まァ
ファンサール
監督は
今季
ターンオーバー
制をしく
つもりなんだろ
なるほど
ターンオーバー
制か

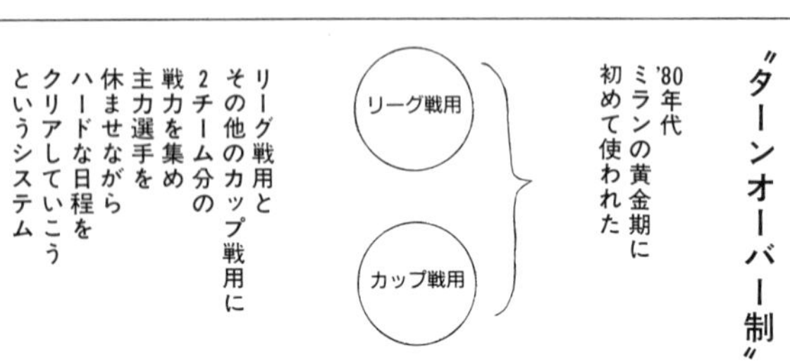
〃ターンオーバー制〃
'80年代
ミランの黄金期に
初めて使われた
リーグ戦用
カップ戦用
リーグ戦用と
その他のカップ戦用に
2チーム分の
戦力を集め
主力選手を
休ませながら
ハードな日程を
クリアしていこう
というシステム

そうだな いくら
〃超人〃リバウールといえど
リーグ戦
チャンピオンズリーグ
国王杯……
それら すべての試合に
万全の体調で
出場するのは
不可能だもんな
それにヤツは
ブラジル代表
キャプテンとして
ナショナルチーム
での試合も
こなしていかなきゃ
ならないんだ

つまり
ツバサは
リバウールを
休ませるための
選手ってわけか
ドクン
ドキ
ドキ
ドキ
ドキ
ドクン
ドキ

口ではうまく言えないけどわかるんだ
ドキ
ドキ
ドキ
ドキ
ドキ
感覚的にわかるんだ
トラップひとつ
このインサイドキックひとつでもわかる
ドンッ
この選手がどんなにすごい選手なのかが!!
ドキ
ドキ

翼 なぜバルサだ!?
ミランからの30億オファー蹴って バルサ入りの真相は
リバウールがいるのに なぜ!?
翼 レギュラー出場 絶望的!!
同ポジションにあのリバウール
翼とリバウール共存可能!?
ある人には反対もされた
間違った判断だとも言われた
でもロベルトは…
いいチームを選んだな 翼
リバウールから吸収するものはとてつもなく多く大きいはずだ
そして おまえが小さい頃からの夢 世界一のサッカー選手を目指すなら…
TSUB
São Paulo F.C

絶対に
超えなければ
ならない
相手でもある
ドキ
ドキ
ドキ
ドキ
ドキ
どうした?
1 on 1
いいですか?
!!

リバウールの
控えか
俺も
最初は
そう思った
でも あいつは
そんなタマじゃ
ねえぜ
えっ
NIKE
NIKE

ゴンザレス
おまえ
ツバサのこと
知ってるのか!?
ちょっとな
ツバサは
相手が強ければ
強いほど燃える
タイプの選手だ
アウミージャ…!?
しかも
それを
楽しみ
ながらな
フォンセカ!?
20歳のガキだと
思ってたら
痛い目に
あうぜ
俺達
あったし
えっ!?
それに
ファンサール監督は
ツバサを
リバウールの
控えと決めた
わけじゃない
なにィ
えっ…
という
ことは…

ツバサのFW起用
右サイドや左サイドのMF
あるいはボランチってことも考えられる

じゃあ俺達もうかうかしてられないじゃねえか

そういうことだ
どちらにしろリバウールの控えなのかリバウールとの共存なのかそのすべての決定権を持っているのは…
ファンサール監督だってことだ

監督
そろそろ
時間です

ウム

パサ

趣味
日本のマンガを
読むこと?

まもなく練習が
始まります
報道陣の方
どうぞ
よし
いけェ
いい
カメラ位置
キープだ
ドドドド
こら
押すな
押すなァ
翼くんの
バルセロナ
初練習だ
ニヒヒ・・・
ボクも
まぎれて
入っちゃった
さァ
今シーズンも
長い戦いが
始まるぞ
リーグ制覇
目指して
がんばるぞ
ハッハハハハ・・・
ん
えっ
!!
ゾロ
ゾロ
!!

ハァ
ハァ
ハァ
ハァ
ガクッ
フラッ
バタッ
ツバサ
翼くん

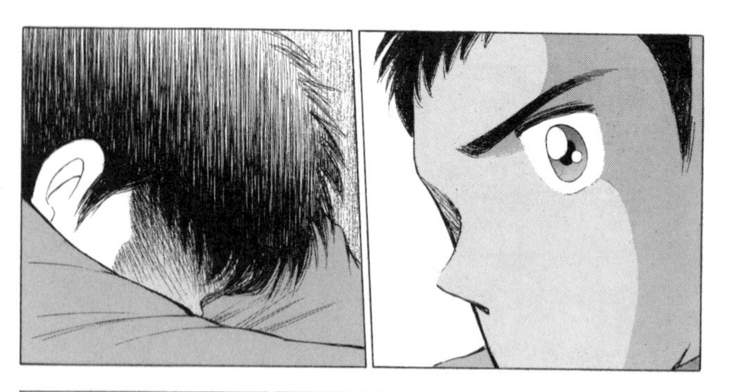

誰か
タンカを…
早く
医務室に

ROAD 9　勝利への執念!!

一度も
抜けなかった
ROAD 9
勝利への執念!!

気がついたか
軽い脳震盪だ意識さえ戻ればもう心配ない

今日一日ゆっくり休めば明日の練習には参加できるだろう

それにしてもおぬし

よくここに来るなァ

ハッハハハ…

次20Mダッシュ10本だ!!
ピーッ
ダッ
ダッ

それにしてもびっくりしたなァ
いきなりだもんな
あ〜あ今日の翼の練習参加はムリだよなァ

でもインパクトある写真は撮れたんじゃないか?

まァね

明日の一面はこんな感じかな

バルセロナの洗礼!!

リバウールとの一対一で何が!?

翼 屈辱の初日練習リタイア!!

ヨーロッパの壁に早くも直面!?

どうもボールの取り合い競り合いの中でヒジが入ったみたいだな

なるほどねリバウールのヒジか……

リバウールのヒジか……

おぬしも飲むかハーブティーじゃが
いただきます
リバウールさんはすごいです

リバウールさんの
すべてを盗みたい

ホホ…
ホッホホホ・・・
うん！おぬしはおもしろいのう

それができたらおぬしが世界一のサッカー選手じゃな

ええ

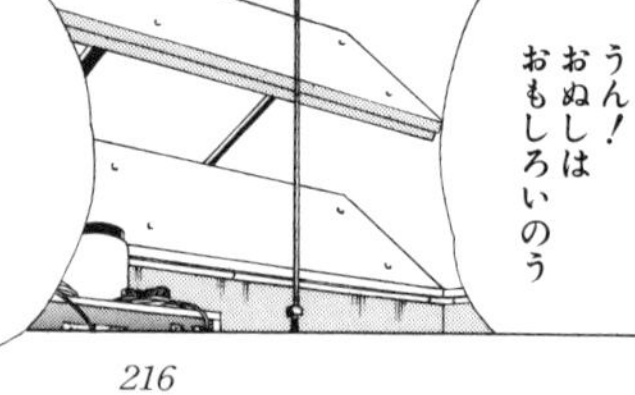
リバウールのヒジでひとつ思い出したよ

えっ？

RIVAUL
10
リバウールはクリーンな選手だ試合中に感情的になってラフプレーをすることもない
そんなリバウールが一昨年一枚だけイエローカードをもらった
それはリーグ終盤対R・マドリッド戦
まさにリーガ優勝をかけた大一番だった
しかしリーガの他にチャンピオンズリーグやブラジル代表での試合などが重なりリバウールの体調は最悪……
ハア
ハア
ハア
ハア

逆に
リバウールの
密着マークについた
R・マドリッドの
キャプテン
"エースキラー"
ブルーノは絶好調
あの
リバウールに
まったく仕事を
させなかった
へへへ…
疲れが
たまってる
みたいだな
リバウール
試合も
R・マドリッドが
先制
バルセロナの
敗戦は
濃厚だった
それでもバルサは
大黒柱
リバウールに
ゲームメイクを
まかせるしか
なかった
当然
ブルーノが
マークにつく
ボールの
取り合い…
そのとき…
BARCELONA 0
MADRID 1
terra
SONY

ガしっ
リバウールの
ヒジが
ブルーノの
側頭部に入った

そのとき
イエロー
カードを…
ああ
………
……で
そのあと
試合は
リバウールの
1ゴール
1アシストで
2対1
バルセロナの
逆転勝利だ
一度 ピッチの外で
治療を受け
再びゲームに戻った
ブルーノ
しかし
彼の目の焦点は
明らかに
定まっていなかった
からな
クラ
クラ
………
R・マドリッドとの
大一番に勝利した
バルセロナは
その勢いを借り
その年の
リーガ優勝も
成し遂げた

そのヒジ打ちが
故意だったのか
偶然だったのかは
誰にもわからん
それを
知っているのは
リバウール
本人だけだ
審判も
明らかな故意とは
判断できず
レッドではなく
イエローカードに
とどめたん
だろうからな

しかし
リバウールの
ヒジ打ちが
その試合を
そして
リーガ優勝をも
決めたと
ワシは
思っておる

まさに あれは
歴史に残る
ヒジ打ちだ

スクッ
ごちそうさまでした
コト
どこへ行くんだ

練習に戻ります

お…おい今日はムリせずに…
大丈夫

俺の目の焦点はズレてないでしょう!
ホホ…

ヒジ打ちも
リバウールから
盗むのか？
いえ

ただ
勝利に賭ける
その執念だけは
盗ませて
もらいます!!

バタン

リバウールは練習でも決して手を抜かない男
〃練習で集中できない者が試合で集中できるわけがない〃
それがヤツの持論だからな

そのリバウールにいきなりヒジ打ちまで出させた
大空翼──
タッ
ヤツは間違いなく〃本物〃ということだ
ズズ‥‥
またひとり頼もしいヤツが我がバルサに入ったってわけだ
ホッホホ……

タタタタタ
つ…翼だ!!
えっ
本当だ!!翼が戻ってきた
ツバサさん
えっ
すみませんそこあけてください!!
えっ
ダッ

ガッ
がしっ
ぐい～～～ん
ふん
ザッ
!!
な…
にィ!!
翼
ツバサさん

遅れましたが
練習に
参加させて
もらいます!!
はい
かっこいい!!
差しかえだ
明日の一面の
写真はこれだ
見出しは
翼 復活!!
猛然と
練習場へ!! って
感じですね

ザッ
初めまして
今季より
バルセロナに
入団した
俺
大空 翼です!!

パチ
ようこそ
ツバサ
ようこそ
バルサへ
あ…
ありがとう
ございます
!!

イタリア
——トリノ空港——
よォ
久しぶり
だな

まさか おまえと
同じユニフォームを
着ることになるとはな
サルバトーレ・ジェンティーレ
ユベントス プリマヴェーラを経て
（19歳以下）
今季 トップチームと正式契約を果たす
イタリア ユース代表として
翼や日向とワールドユースを戦った
それは
お互いさまだ
わかってると思うが
これから始まる
〝ユベントス キャンプ〟
開幕戦の
レギュラーを賭けた
その戦いは…
ハンパじゃ
ないぜ！
ああ
覚悟は
してるぜ！

ROAD 10 バランスの秘密

さァ
行きましょう
日向くん
コーディネーター
内海浩子 女史(年齢?)
日向が正式契約する前
ユーベに練習生として
留学した時も
日向の通訳を担当した

内海さん
またしばらく
お世話になります
よろしく
お願いします
いえいえ
こちらこそ
よろしく
ペットの
ウサギ
元気すか
?

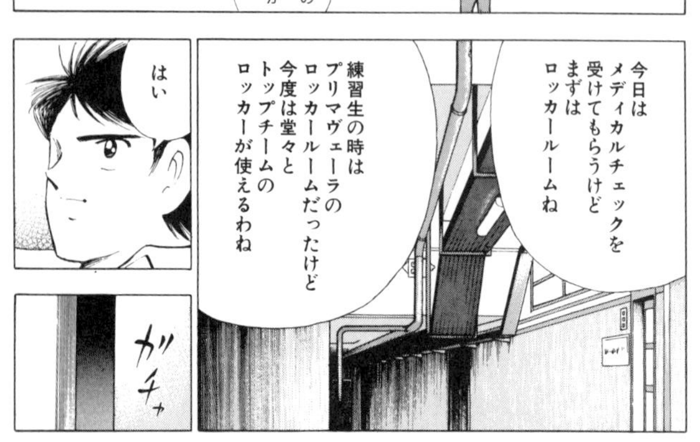
今日は
メディカルチェックを
受けてもらうけど
まずは
ロッカールームね
練習生の時は
プリマヴェーラの
ロッカールームだったけど
今度は堂々と
トップチームの
ロッカーが使えるわね
はい
ガチャ

lotto

1 VAN DER
20 TACCHINA
8 GONTA
21 ZEDANE
26 DAVI

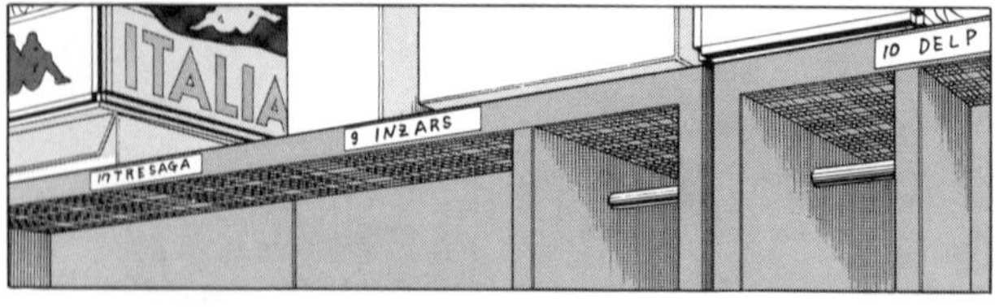
ITALIA
17 TRESAGA
9 INZARS
10 DELP

世界のビッグネームばかりが並ぶユーベロッカールーム
ゾクゾク
ゾク
ゾク

俺も その中の一員になったんだ
ゾクゾク
ゾクゾク

日向くんの
ロッカーは
一番 奥だそうよ
はい
ペタ
日向 小次郎
K.HYU A
9

バルセロナ キャンプ 2日目――
これより
レギュラー組 vs
控え組の
紅白戦を行う!!

え〜〜〜〜っ
2日目から
いきなり
実戦形式の
練習!?
ザワ
ザワ

マローノ
セルビオ トマス
ヘリス カルモナ
以上5名は
サブグラウンドで
別メニューだ
えっ

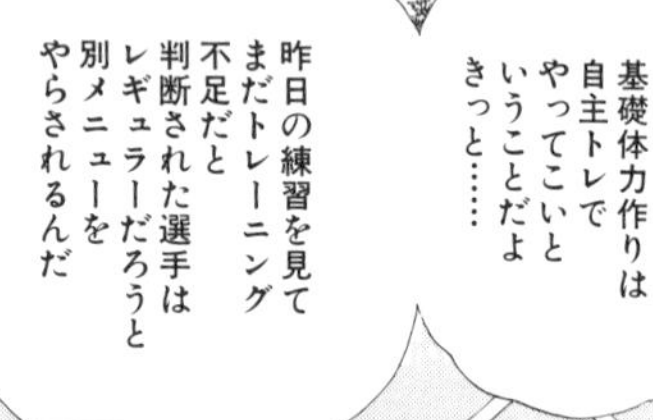
基礎体力作りは
自主トレで
やってこいと
いうことだよ
きっと……
昨日の練習を見て
まだトレーニング
不足だと
判断された選手は
レギュラーだろうと
別メニューを
やらされるんだ

き…厳しい
早く
行け
は…
はい

………
リバウールは
もちろん…
ケガから復帰した
フォンセカと
アウミージャも
レギュラー組だ
……以上が
レギュラー
組だ

………
……でも
ゴンザレスは…
ゴンザレス
さん

毎年のことだ
バルセロナの開幕戦の
レギュラーを賭けた
戦いは
ここから始まるんだ
試合に
出たかったら
この紅白戦で
自分をアピール
することだ
フッ
はい！

ツバサ!!
おまえは
控え組の
トップ下に
入れ!!
！
は…
はい!!
おおおっ
やったァ
控え組だけど
ツバサさんも
試合に出るぞ

バルセロナ紅白戦
試合開始だ!!
ドン

ウム
いい健康状態だ

なんの問題もない
ユベントス チームDr.(ドクター)
ノグラーノ氏
体の色ツヤもいい
ユーベの一員としてこれから一年ケガのないよう頑張って行きなさい
ありがとうございます

日向くん
健康診断の後は
君の基礎体力を
測るそうよ
はい
トップチームの
トレーニング
ルームを見るのも
確か 初めてよね
ええ

ここよ
ガチャ

!!
こ……これが
ユベントス
トップチームの
トレーニングルーム!!
ゾク
ゾク

ビ

選手一人一人
専用の
トレーニング
マシーン

すべてが
個人個人の
体力に合わせて
設定が
ほどこされて

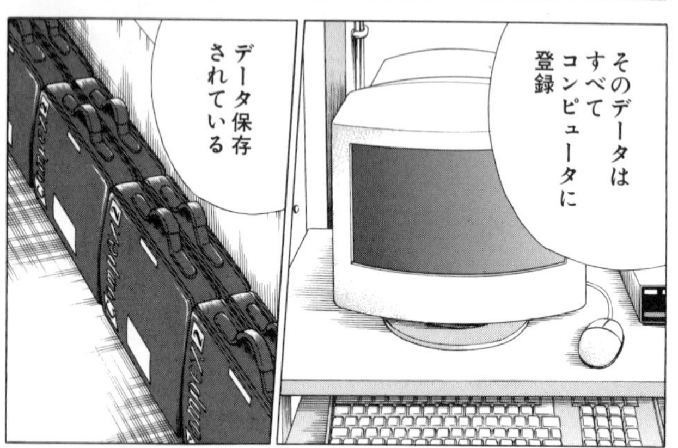
そのデータは
すべて
コンピュータに
登録
データ保存
されている

そして彼が
ここの責任者
トップチームの
フィジカルコーチ
マッツァンティーニ
さんよ
よろしく
お願いします
ウム
じゃあ
早速
データを
取らせて
もらおうか
まずは
上半身の
体力測定
からだ
はい

ナイス
カットだ
ツバサ!!
あっ
おおっ

いい動きだ翼くん!!
きっちり自主トレを積んできたその成果だ!!
油断するなツバサいつ控え組に落とされるかわからないレギュラー組にとっても
この紅白戦は真剣勝負の場なんだぞ
ザッ
!!
やっとケガから復帰したんだこの紅白戦でアピールしてきっちりレギュラーのポジションは頂くぜ!!
わっ!!
ツバサさんの着地と同時にフォンセカの密着"スネークマーク"が襲いかかるぅ

おおっ!!
フォンセカの
〝スネークマーク〟を
上体の力だけで
跳ね返したア!!

なっ
!!
!!
!!
もともと(あの時も)…密着マークされても体勢を崩さない見事な左右のバランス感覚を身につけていたツバサだが…
さらにその上に…密着マークを跳ね返し振りほどくほどの強靱な上半身の筋肉を短期間の自主トレで身にまとい…
ツバサはこの戦場に再び殴り込んできやがったんだ!!

なんてことだ!!
最悪だ!!
我がチームは
本当に
こんな選手と
正式契約して
しまったのか……
これが
本当に
サッカー選手の
体か……

内海さん
彼は
何を…
………
………
………
!
彼が
言うには…
君の体の
左右の
バランスは
最悪だ!
とても
サッカー選手の
体とは
思えない
君の
その肉体では
セリエAを
戦うことは…
絶対に
ムリだ!!

な…
なんだとォ!!

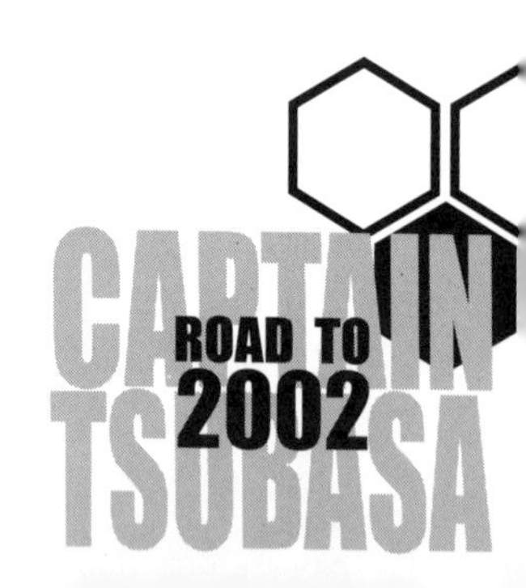
CAPTAIN
ROAD TO
2002
TSUBASA

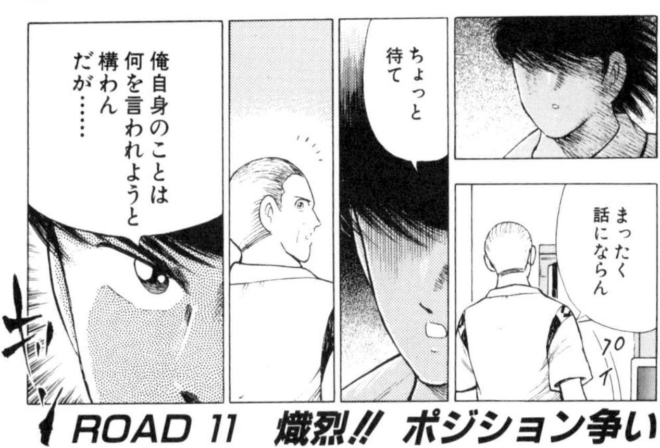

ROAD 11　熾烈!! ポジション争い

俺のまわりの
人間を悪く
言われるのは
我慢ならねェ!!
東邦
なっ
じいっ

ヒック
コーチだからって偉そうなこと言ってんじゃねえぞ!!
や…やめなさい日向くん!!
ROAD 11
熾烈!! ポジション争い

どうした!!
何を騒いでる!!
ガラッ
カルロ・モネッティ監督
ユベントスを率いて6年目
その間 3度のスクデットを獲得
選手・サポーターからの
信頼も厚い
か…監督

どうしたんだ
マッツ
よし
わかった
日向
こっちへ
…………
試合の最中だったら
即 レッドカードだ
すみません
どんな
理由にしろ
コーチに対し
あの態度は
ないな
まァいい
結論から
話そう

フィジカルデータは私にとってあくまで参考資料でしかない

マッツはフィジコ
私は監督
そして君はストライカーということだ

ストライカーの仕事はゴールを決めることだろ

バランスが悪かろうと足が遅かろうとジャンプ力がなかろうとそんなものは関係ない
私はゴールを決めてくれるストライカーを試合で使う!!

それだけだ

君のプリマヴェーラの試合を見てぜひ取ってくれとフロントに頼んだのはこの私だ

期待してるぞ日向
ドン

午後には選手全員が集まるセリエA開幕を目指しいよいよ全体練習が始まるんだ
君も早めにグラウンドに降りてきなさい
はい

はい
ありがとうございます!!

……!!
相手の執拗なマークを上体の力だけで跳ね返す
おおっ
これが翼のハワイ自主トレの成果だ!!

新入りに
これ以上
いい格好させて
たまるか！
俺達が
つぶすぜ!!
!!

くっ…
ツバサ
後ろだ
…

ここは
ムリをせず
ゴンザレスに
バックパスだ
よし
えっ
あの野郎
俺にボールを
預けた後は
リバウールに
向かって一直線に
走ってやがる

どうしても
リバウールと
勝負がしたいのか
ツバサ
おまえは
この紅白戦で
リバウールを倒し
バルセロナ
トップ下の
ポジションを
本気で奪う
つもりなのか
おもしれェ
俺も おまえと
リバウールの
マジ対決
見たく
なったぜ
それっ
ツバサ!!

こ…これは
その巨漢
その顔つきからは
想像もできない
ナヌ
ジロッ
ゴンザレスの
やわらかタッチの
ループパスだ
フワッ
なっ
ダッ
ありがとう
ゴンザレスさん
!!
ダッ

しかし
このパスを
読んだか
リバウールも
動きだしている
リバウールが
狙っているのは
ツバサの
トラップ際だ
ボールの
落下を
待っていたら
やられる!!
その前に
トラップだ

翼
リバウールの
狙いを察知
より早い空中での
トラップを敢行
おおおおーっ
リバウール
翼の この動きをも
読んでいたのか
翼と ほぼ同時に
ジャンプ… そして……
こ…
これは

両雄 空中
激突だァ!!

くっ
!!
今度は
吹き飛ば
されたのは
ツバサの方だ!!

さすが
リバウール!!
強靭な肉体は
リバウールの
方が上だ!!
しかし ハジキ
とばされたものの
空中で体勢を
立て直し
くるりっ
見事
着地の
ツバサ
これも左右の
バランスの
良さが
なせる技か
スタッ
し…
しかも

ボールは　まだ
ツバサが
持っているゥ!!
やったァ
〝ボールはトモダチ
誰にも渡さない〟だ!!
おおっ…
……

吹き飛ばされながらも その瞬間 ツバサはつま先でボールを引っかけマイボールにしたんだ
やるなツバサ
えっ
こ…これは…!?
……

ROAD 12
鉄壁のサブマリン!!
ビリッ
ビリッ
あ…足に
しびれが……
ニッ
自主トレで
上半身だけでなく
下半身も
鍛えたのに…
ビリッ
さすが
リバウールさん
いくらマイボールに
しても こ…これじゃ…
ビリッ

ツバサ
リバウール
ザッ
!
ピタッ
ビリ
あっというまに
しびれが
治まった!!
これが
自主トレの
成果だ!!
行くぞ!!
ニコッ

行くぞォ!!
!!
ツバサさん
あの衝撃からもう回復したのか
やるなツバサ
なんてヤッだあの野郎
ツバサは再度リバウールに挑むぞ!!

こ…これは
ツ…ツバサのこのフェイント

この技は…!?

TELE +
SON
lotto
TELE +
TIM

ユベントスの
旧ホームスタジアム
スタディオ・コムナーレ
ここが現在の
トップチームの練習場
ユベントスの伝統
100年にも及ぶ
その歴史の重みを
感じずには
いられない
場所だ

TELE +
PUNTO JUVE

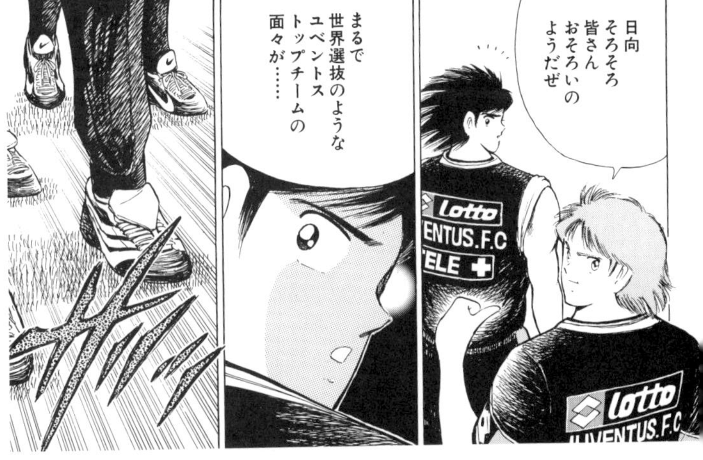
日向
そろそろ
皆さん
おそろいの
ようだぜ
まるで
世界選抜のような
ユベントス
トップチームの
面々が……
Lotto
TELE +

今
そろい踏みだ
lotto
TELE +
JUVENTUS
lotto
lotto
TELE +

lotto
TELE +
JUVENTUS

セリエA
最多優勝回数を誇る
イタリアサッカー界　屈指の名門
〝ユベントス〟
そのチームの一員であることの
誇りを胸に
セリエAの中でも
最も厳しいであろう
レギュラー争いを
俺は勝ち抜いて
行かなきゃならないんだ
ゾク
ゾク

新入団の
5人だ
よろしく
お願いします
パチ
パチ
パチ
パチ
パチ
パチ
パチ
パチ
パチ
パチ
パチ

翼の
バルセロナ キャンプから
遅れること一日
日向小次郎の
熱き
ヨーロッパ
セリエAでの
戦いが
この日より
始まった――
こ…
これは!?

リバウールターン!!
リバウールが最も得意とするフェイント技をツバサのやついつ盗んだんだ!!
噂通り相手の得意技はすべて自分のものにしてしまう男…大空翼!!

〝リバウール ターン〟
右に行くと見せかけ
引き足でボールを
左に戻す
軸足に
ボールを当て
相手の右側を
通過させる
引き足を
踏みながら
反転
ボールの後を
追うように
相手を
抜き去る
……!!
さすが
サッカーの
申し子!!
あの
リバウールをも
抜いちゃうなんて
オレ 涙
チョチョ切れ
ちゃうよ
すごいぞ
翼くん

出…出たァ!!
まだ抜かせてない!!

体を
地面スレスレに
沈めての防御
こ…これが
リバウールの
高速
サブマリン
ディフェンス
だ!!
えっ

うおおっ
ツバサ これも
ジャンプ一番
かわし
やがった!!

!!
で…でも

何度 抜いても…抜き切れない…!!
上半身と下半身を巧みに使った
リバウールさんの
流れるような この一連のプレイ
うわっ
ダメだ!!
ここで ついに
捕まったァ
〰〰〰っ
ツバサは空中に
逃げたのが
間違いだった

これが
世界最高峰の
プレイ!!
くそっ この人を
抜き去るのは
永遠に
ムリなのか…
ピヨ
この空は
リバウールの
制空権
バルサの鷹
リバウールの前では
ツバサは まだ
ヒナドリでしか
ないんだ!!

ぐはっ
ROAD 13
2002年を見据えて…!!

あ〜〜〜〜〜あ
やっぱりリバウールは抜けない!!
で…でもゴンザレス
こんな新人いなかったよな

ついに
翼 撃沈!!
ズザザザ
ズタッ

初めての
紅白戦で
いきなり
あのリバウールに
真っ向から
勝負を挑んでいき
こんな名勝負を
繰り広げた
ヤツなんてさ
あぁ
いつつ…
ナイス
ファイトだ
ツバサ

何度倒されようと挑んでいけェ!!
カスリ傷程度ならこのワシが何度でも治してやるぞい!!
メンデスチームドクター
ドクター

ツバサ

おまえの目標は
なんだ
は…はい

世界一か？
はい!!

俺の夢は世界一のサッカー選手になることです!!

そのために俺はヨーロッパに来ました!!

だったら
バルサでの練習
ヨーロッパでの戦いに
必死でついてこい!

もっと
巧く!
そして
もっと強く
なれるはずだ
そうすれば
おまえは

は…
はい!!

こい
ツバサ
はい
リバウールさん
えっ
こ…これって
リバウールが
ツバサを
認めたって
ことか?
あ…
ああ
そ…
そうだよな

サッカー協会の
片桐さん!
翼は いよいよ
始めたんですね
そうですね
やったァ
南葛
東邦
同時優勝
日本中の
誰もが知ってる
翼のサクセス
ストーリー
翼ーっ
おめでとう
翼くん

4対3 この瞬間 ブラジル全国選手権 サンパウロFCの 優勝決定です
勝ったァ
勝ったぞ
さんぜんと 輝く ワールド ユース カップが
4対4 両者 両雄決着つかず 同点引き分け
南葛中キャプテン 大空翼くん そして 東邦学園 キャプテン 日向小次郎くんの手に わたりました!!
翼!!
日向!!
わきおこる 場内 翼コールと 日向コール!!
まさに 黄金の10代を 駆け抜けた 翼は……
勝つ!!

…大空翼は
今…20歳
小さな頃からの夢
世界一の
サッカー選手に
なることを目指し
この地
ヨーロッパで
まさに
〃世界最高峰の戦い〃を
始めたんだ

同時に　その戦いは
紛れもなく　まっしぐらに
2002年の戦いへと
つながっていくんだ——
じゃあ
私は
これで
えっ
翼くんに
会って
いかないいん
ですか？
ええ
2002年に向け
私も　いろいろと
〝悪だくみ〟を
考えている
ものでしてね

――トリノ――

今日の
あんな練習じゃ
ちっとも
足りねえ

他の連中にとっては
練習とは
リーグ開始に向けての
コンディションを整える
場所なのかもしれない
だが
俺にとっては
その練習の
場こそが
レギュラーを
獲るための
最高の
アピールの
場なんだ

明日の練習で
最高のパフォーマンスを
見せるため
ここからが
俺の今日の
練習だ
ダッ
ダッ

――バルセロナ――

そこのきれいなお姉ちゃん安くしとくよ

じゃあそれふたつ
ハイまいど!!
(…ってへんなスペイン語)
いただきま~~~す
バルセロナキャンプインより早くも一週間が経過していた

どうですか
翼選手
バルセロナでの
練習の感想は？
はい
この料理と
同じように
最高です！
アラ
おじょうず
俺
ここに来て
また一段と
サッカーが
楽しく
なったよ
翼くん

リバウールさんは
すごい
左右のバランス
だけじゃなくて
上・下半身の
バランスも
バツグンに
いいんだ！
ロベルトが
言ってたとおり
リバウールさんから
吸収するものは
とてつもなく
大きいよ

リバウールさんと
一緒に練習してるだけで
毎日少しずつだけど
自分が巧く
そして強くなってる
気がするんだ!

よかった

え

だって
ここに来て一週間
私も この
バルセロナの街が
気に入ってたん
だもの

しばらくは
ここで
暮らせそうね

うん!

あ

どうしたの翼くん

忘れてた
今日はドイツの…ブンデスリーガの開幕日!!

確か若林くんのハンブルグの試合を今日やってるはずなんだ!

プツン

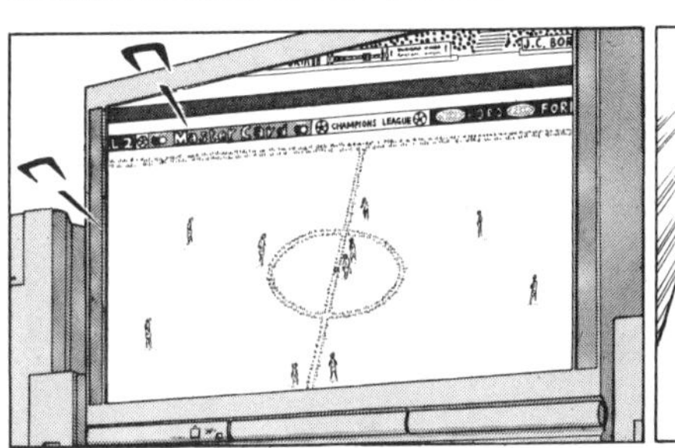
CHAMPIONS LEAGUE

ブンデスリーガ開幕戦
敵地 ブレーメンに
乗り込んだ
ハンブルグ正GK
若林源三
HEL
Wissen was gut ist
SGGK
SGGK
GER

キャプテン翼ROAD TO 2002①(完)

世界のスーパースター・ブラジル代表選手が翼を語る！

『ロナウジーニョ』スペシャルインタビュー!!

ロナウジーニョ
RONALDINHO

PROFILE
1980年3月21日生まれ。世界最高峰との呼び声高いファンタジスタ。創造性溢れるプレーを得意とし、〝サッカーを楽しむ〟ことを体現する。2005年には、ブラジル代表＆バルセロナでの活躍を評価され、ＦＩＦＡ最優秀選手及びバロンドールをダブル受賞した。

先日、オフにブラジルへ帰省した時に、僕をモデルにしたテレビアニメ『モニカの仲間』がテレビで放映されていたんだけど、それを見ながら『キャプテン翼』(スペイン語版のタイトルは『オリベル・イ・ベンジ』。オリベルは大空翼、ベンジは若林源三のスペイン語版名)のことを思い出していたよ。兄のロベルト(※ロベルト・デ・アシス・モレイラ＝ロナウジーニョの実兄であり、代理人も務める。99年にはコンサドーレ札幌でプレー。

登録名は「アシス」)が日本でプレーしていた時、『キャプテン翼』の話をよく兄から聞かせてもらっていたんだ。『キャプテン翼』はエネルギッシュだし、溢れ出るようなファンタジーを感じさせてくれるから大好きだよ。それに、サッカーそのものの魅力だけじゃなく、サッカー選手という職業の持つ魅力まで読者に伝えてくれる点も、僕がこの漫画を好きな大きな理由だね。

僕を翼のチームメイトとして登場させてほしいな。

改めて言うまでもなく、漫画やテレビアニメの世界では、日本は世界チャンピオンだ。その中でも、高橋先生の描く『キャプテン翼』は最高だね！『キャプテン翼』のストーリーは僕らにも分かりやすいけれど、それは高橋先生が東洋と西洋の2つの世界の知識を持っているからだと思う。それと、サッカーのことも本当によく知っているしね。『キャプテン翼』で感心させられるのは、テクニッ

クの面だけではなく、選手のモチベーションが揺れ動くところや、心理状態が及ぼす影響までもしっかりと描けているところ。高橋先生にはバルサの試合を見るために、またぜひバルセロナに来てほしい。今のところ、僕たちバルサよりも美しいサッカーを見せられるクラブは世界広しといえども存在しないはずだからね。それと、出来れば僕を翼のチームメイトとして登場させてほしいな。僕らはきっと、いいパートナーになれると思うよ！

『キャプテン翼』に出てくるセリフに、「ボールは友達」というフレーズがあるけれど、僕も翼と同じく、物心ついた時からずっとボールは友達だった。初めてボールを蹴ったのはいつだったか正確には覚えていないけれど、幼い頃にボールをプレゼントされたことははっきりと覚えてる。それから現在に至るまで、ずっとボールは友達なんだ。実際、小さい頃のことを思い出すと、サッカー以外のことをしていた瞬間が、全然思い浮かばないくらいさ（笑）。とにかく、いつでも、どこでも、ボールを蹴っていたよ。雨が降ると家の中でボールを蹴っていたんだけど、いろいろなものを壊しては、母さんに叱られたものだよ。

していた瞬間が、全然思い浮かばないくらいさ（笑）。

翼が少年時代にロベルト（本郷）に憧れたように、僕の憧れもロベルトだった。もっとも、僕が憧れたのは、兄のロベルトだけどね（笑）。当時の僕はいつも兄の背中を追ってい

たんだ。僕が7歳の時に彼はグレミオのトップチームでプレーすることになった。兄は高い技術を持った、本当に素晴らしい選手だったよ。サッカーを愛すること、サッカーを楽しむことも兄から学んだんだ。あの頃の僕にとって、兄と、そして彼がプレーするグレミオはすごく重要な存在だったね。グレミオは僕ら家族に対して、本当に良くしてくれた。父はグレミオの大ファンだったんだけど、兄がプロ契約を交わした時、クラブは父にスタジアムの駐車場の管理の仕事を与えてくれたんだ。そして、僕はグレミオの下部組織に入った。兄に続き、

小さい頃のことを思い出すと、サッカー以外のことを

父と僕もグレミオに入って、すべては完璧に進んでいたよ。毎日が本当に楽しかった。そう、父が亡くなる時まではね……。あれは僕が8歳の時だった。ものすごくショックだったよ。僕はまだ小さかったから、兄と母さんが家計を支えることになったんだ。あの時を境に、人生が大きく変わったことは間違いない。

ただ、幸いなことに、サッカーに関しては、その後もすべてが順調だった。16歳の時にグレミオでプロデビューを果たし、18歳の時にはブラジル代表に選ばれ、コパ・アメリカで優勝。そして、20歳でパリSG（サンジェルマン）に移籍し、翌年には日韓ワールドカップで優勝。03年にはバルセロナに移籍し、05年には加入後初のリーグ優勝、そしてバロンドールも受賞す

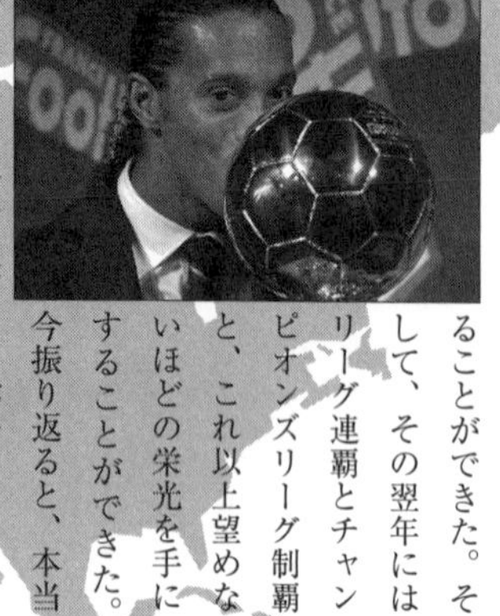

ることができた。そして、その翌年にはリーグ連覇とチャンピオンズリーグ制覇と、これ以上望めないほどの栄光を手にすることができた。今振り返ると、本当に夢のような人生を送ることができていると我ながら思うんだ。ただ、僕は今の成功を子供の頃から思い描いていたわけじゃない。むしろ、プロになること自体、具体的に想像したことすらなかった。いや、多分「プロになる」という意識はどこかにはあったんだろうとは思う。だけど、僕にとって重要だったのは、「プロになる」ってことよりも、「大好き

「大好きなサッカーをずっと続けたい」ってことだったんだ。

なサッカーをずっと続けたい」ってことだったんだ。つまり、僕にとって、サッカーは人生そのものなんだ。好きなことをして生活できるなんて、すごい特権を得たと思ってるよ。だから、「これほどファンの期待を担うことが大きなプレッシャーにならないか?」と聞かれるたびに、僕は「ならない」と即答するのさ。だって、そうだろう? 僕が感じているのはプレッシャーじゃなくて、ファンの愛情なんだから。ファンが僕のプレーに大きな期待を寄せてくれていることは十分に分かっているし、僕はその期待に100パーセント応えたいと思っている。とにかく、僕の人生にとって、サッカー以上の喜びは存在しない。僕は、子供の頃と同じように、今もサッカーを楽しみたいのさ。そう、グレミオの下部組

織でボールを蹴っていた頃と同じようにね。

そうそう、翼にも今度、子供が生まれるんだよね？ 僕も05年に長男が生まれたんだ。名前は亡き父の名を取って、「ジュアン」と名付けた。今シーズンのリーグ戦第2節ビルバオ戦で、ジュアンは初めてスタジアムでサッカーを観たんだ。最近はサッカーがどんなスポーツか少しは理解出来るようになっていたし、何より興味があるみたいだった。それはジュアンの行動を見れば一目瞭然さ。まだ2歳なのにサッカーボールを必死に蹴ろうとするし、サッカーボールと一緒だといつも笑顔を絶やさない。僕は

僕にとって重要だったのは、「プロになる」ってことよりも、

彼がサッカーをするために生まれてきたんじゃないかと思っているんだけど、これって親バカってヤツかな（笑）。そんな愛する息子が初めて観戦した試合で、僕は2ゴールを挙げることができたんだ。最高の気分だったし、あのビルバオ戦は一生忘れることの出来ない最高の試合になった。僕に得点チャンスを与えてくれたチームメイトと神様には本当に感謝しているよ。

（この文中のデータは2007年12月のものです。）

インタビュー：ヘマ・エレーロ・カストロ／構成：岩本義弘

★収録作品は週刊ヤングジャンプ2001年3・4合併号〜17号に
掲載されました。
(この作品は、ヤングジャンプ・コミックスとして2001年6月、9月に
集英社より刊行された。)

集英社文庫(コミック版)

キャプテン翼(つばさ)ROAD TO 2002 1

2008年1月23日 第1刷
2025年6月7日 第4刷

定価はカバーに表示してあります。

著者 高橋陽一(たかはしよういち)

発行者 瓶子吉久

発行所 株式会社 集英社
東京都千代田区一ツ橋2−5−10
〒101-8050
電話
【編集部】03(3230)6251
【読者係】03(3230)6080
【販売部】03(3230)6393(書店専用)

印刷 TOPPANクロレ株式会社

表紙フォーマットデザイン アリヤマデザインストア マークデザイン 居山浩二

本書の一部あるいは全部を無断で複写複製することは、法律で認められた場合を除き、著作権の侵害となります。また、業者など、読者本人以外による本書のデジタル化は、いかなる場合でも一切認められませんのでご注意下さい。

造本には十分注意しておりますが、乱丁・落丁(本のページ順序の間違いや抜け落ち)の場合はお取り替え致します。購入された書店名を明記して小社読者係宛にお送り下さい。送料は小社負担でお取り替え致します。但し、古書店で購入したものについてはお取り替え出来ません。

© Y.Takahashi 2008 Printed in Japan

ISBN978-4-08-618704-6 C0179